剑 术

董有为 编著

吉林文史出版社

目录

第一章

武德与武礼节

武德，即武术道德。有的学者认为武德是“尚武崇德”的精神，也有的学者认为武德是习武者体现的道德。实际上，所谓武德，就是指在从事武术活动群体中形成的对习武者行为规范要求的总和。它包括从事武术活动的人在社会活动中所应遵循的道德规范和所应具有的道德品质。武德协调着习武者之间的人际关系，影响着习武者的各类活动，包括心性修养、道德作风、精神境界和武术礼仪，贯穿于拜师择徒、教武、习武、用武的全过程，是社会伦理道德思想在武术这一特殊领域的具体运用，即强调练武与修身的统一，使尚武与崇德成为密不可分的两个方面。

“武德”一词虽然在古籍中很早就出现了，但被借用到武术中却是很晚的事。《左传·宣公十二年》中说：“武有七德”，即“禁暴、戢兵、保大、功定、民安、和众、丰财”。虽然这里讲的是对诸侯用兵道德要求，但与武林中的“武德”却有着很大的渊源，在武德理论长期的形成与发展过程中，一直居于封建社会正统地位的儒家仁学思想逐渐成为传统武德的主要内容，主要表现为“仁、义、礼、信、勇”等方面。

“仁”的基本含义就是要用广博的爱心去爱一切人。它在一定程度上概括了人的全部道德意识，同样也是习武者最高层次的品德追求和德行的最高境界。“仁”是通过“义”的环节过渡到人的道德行为。“义”是依人而行的方法、途径和标准，是强调人的行为必须遵循一定规范和准则的伦理观念。“礼”来自人的恭敬辞让之心，是为人处世、待人接物的礼节，如国际武术联合会规定的抱拳礼就是中国传统的一种武术礼节。本着当代武术为和平与友谊服务的宗旨，抱拳礼被赋予了新的含义：右手握拳，寓意尚武；左手掩拳，寓意崇德，以武会友；左掌四指并拢，寓意四海武林团结奋进；屈左拇指，寓

意虚心求教，永不自大；两臂屈圆，寓意天下武林是一家。“信”是指诚实可靠、信守诺言。守信用、重承诺是武林中人的传统与俗尚。“勇”指的是通晓仁义道德、明辨是非善恶之后，果断采取的举止行为，即惩恶扬善、见义勇为的道德品质。因此，传统武德中的爱国爱民、尊师重道、讲理守信等高尚品德与情操，在今天仍值得很好地继承和提倡。同时，对于长期在封建伦理思想影响下产生的具有封建迷信色彩的糟粕则要坚决剔除。

武术的本质特征是技击攻防，但其基本的道德属性则是推崇“内王外圣”“仁爱”与“人和”的精神。关于武术的道德规范，不同历史时期和不同的拳种门派有不同的要求。传统武德对习武者的要求归纳起来，大致包括在生活处世等方面内容。

在生活处世方面，要求习武者在日常生活和待人处世时必须遵守社会生活伦理道德的规范要求。“未曾习武先习德”，具体表现为生活要俭朴素淡，戒酒避色；为人要谦虚好学，尊敬师长；待人要宽厚谦逊，诚实守诺；处世要遵守礼仪，敬老爱幼，团结互助；等等。这是传统武德的重要基础。

在择徒拜师方面，强调“武艺须传忠诚有志之士，平易谦恭之人，匪僻之徒决不可传”，“缺德者不可与之学，丧礼者不可与之教”，“学拳宜以德为先”，“为武师，须教礼，德不贤，不可传”，等等。这些要求大抵体现在武术各拳种门派所制定的具体戒约与信条之中，其关键问题最终还是习武者的道德品质，目的在于培养“德技并举”的正人君子。

在授艺习武方面，崇尚以身行道，以技显德。要求“习此术者……宜朝夕从事，不可随意作辍”，强调通过持之以恒、锲而不舍的刻苦练习，达到武技上、精神上的更高境界。“穷则独善其身，达则兼善

天下”，自己处于弱小时，应勤学苦练，努力充实和提高自己的体能和武技水平；自己强大时，则不可狂妄自大，更不可依仗武力欺负他人，而要谦虚谨慎，富有同情心和正义感，帮助周围的人共同进步。

在施武用武方面，要求习武者要有手德、口德、公德。手德指比武较量时不要以武力伤人，不到万不得已不许出手，即使与人交手，也只能“点到为止”。口德是不以言语中伤诋毁他人。公德即自觉遵守社会道德规范，奉公守法，决不做扰乱社会治安的事情。提倡习武者以修身养性为宗旨，以自卫为信条，反对好勇斗狠、恃强凌弱，同时要以武济世，伸张正义，扶危救困，见义勇为，树立坚贞的民族气节和富有强烈的爱国热情。《精武会训》规定：“凡我

会员必须以仁爱为怀，服务为旨，以我所有，助人所无，以求造福于人群。”中央国术馆也曾把“爱国、修身、正义、助人”作为武德规范。

第二章

剑术的历史概况

剑为我国古兵器,曾被誉为“百兵之君”。剑术古代称为“剑道”。《汉书·艺文志》中列有“剑道”38篇，是对当时剑术的理论总结，可惜现已失传。

剑的历史相当久远。夏、商、西周各代中，皆有铸剑的历史记载。如夏禹铸剑，藏于会稽山；孔甲取牛首山之铁铸剑；周昭王铸五剑投于五岳,铭曰“镇岳上方”;等等。当然,上述记述中不少属于传说,有待考证。我国出土最早的青铜剑是商代（公元前1711－前1066）短剑，形似匕首。可见金属剑在我国至少已有3000多年的历史。

西周之前，战争以车为主，戟、矛、戈、殳等长兵器占重要地位，剑只作为统治者的权贵象征和护身武器。到了春秋战国时期，战争频繁，骑兵、步兵兴起，剑在兵器中的地位也越来越重要，这时剑的品种、数量、质量都大大提高，出现了一批制剑的能工巧匠和众多的“宝剑”“利剑”“良剑”。如吴国干将莫邪曾制成靠之而合，分之即离，带有磁性的雌雄双剑；越国欧冶子以高超技术和毅力铸有合金宝剑五口，造工精美，形体互异，为世间罕有。迄今考古发现的吴、越青铜剑不下20余件，有的在地下埋藏了2000多年，至今仍花纹精美、剑刃锋利、不锈不蚀，足见铸造工艺水平之高超。与此同时，春秋战国时期的剑术也得到发展，盛行“佩剑”“击剑”之风。这时的剑术主要以格斗相击形式出现。《庄子·论剑》记载:“昔赵文王喜剑，剑士夹门而客三千余人，日夜相击于前。死伤者，岁百余人，好之不厌。”又据《汉书》《管子》记载，因吴王好剑，吴国许多百姓身上脸上留有斗剑的伤痕或疮疤，人们甚至把死伤置之度外。可见，当时的击剑近于实战，且无安全保护设备，然而习剑尚武之风，却遍及朝野。除击斗形式外，剑术的套路舞练形式也很普遍。《孔子·家语》记载，孔子的学生子路见孔子的时候就曾“仗

剑而舞”。

随着剑术技术的发展，剑术理论也日趋成熟。《庄子·论剑》中说：“夫为剑者，示之以虚，开之以利，后之以发，先之以至。”对剑术的虚实相兼、后发先至、因敌变化等技法，做了高度概括。在《吴越春秋》中还生动记述了一位女剑术家的故事：一次，越王勾践与大臣商讨强国之策，大夫范蠡推荐了一位武艺超群、剑艺精湛的采桑少女。这位少女见到越王之后，精辟地论述了一套剑法理论，认为“其道甚微而易，其意甚幽而深。道有门户，亦有阴阳”“凡手战之道，内实精神，外示定仪。见之似好妇，夺之似惧虎。布形候气，与神俱往。杳之若日，偏如腾兔。追形逐影，光若佛仿。呼吸往来，不及法禁。纵横逆顺，直复不闻”。接着，这位少女当场舞剑，只见她闪展翻腾，上下飞舞，剑似流星，人如奔兔。越王看了，拍手称赞，并赐名为“越女”。这个故事生动地反映了当时剑术及其理论的发展水平，也是剑术普及民间，男女老少广泛习练的一个缩影。

秦汉时期，剑术有了进一步的发展，常常成为历史的见证。荆轲刺秦王的故事，从武器上，是一场短剑对长剑的搏斗。汉高祖刘邦“以布衣提三尺剑取天下”。在著名的“鸿门宴”上，项庄“请以舞剑”，演出了图谋暗杀刘邦的惊险场面。汉时“自天子至百官，无不佩剑”(《晋书》)，而且形成了一套严格的佩剑制度。当时涌现出一批以剑术立名天下的名手，如张仲、雷被、王越、史阿等人。很多著名学者，如司马相如、东方朔等也是自幼学剑，技艺精湛。作为一代帝王的曹丕，更是一位剑术高手。他在《典论·自序》中说，自己少时拜师学剑，听说奋威将军邓展武艺出众，并有空手夺兵刃的本领，便一边喝酒，一边与邓展论剑。至酒酣耳热，以甘蔗当剑比试起来。经过几个回合的较量，曹丕三次击中邓的手臂。邓不服气，

要求再比，曹欣然同意。交手中，曹丕虚实莫测，引邓中计，再次击中邓的前额，显示了高超的剑法技艺。在西汉后期盛行的“百戏”中，还出现了剑术与舞蹈相结合的表演艺人。

晋代以后，佛、道二教兴起，但习剑遗风仍然存在，如“闻鸡起舞”的祖逖、“少年学击剑，妙技过曲城”的阮籍，都是当时的剑术名手。另一方面，也出现了宗教与剑结合的现象。道家幻想通过炼丹、练剑，达到“长生不老”的仙境，剑被称为“法器”，给剑蒙上了神秘色彩。南朝著名道士陶弘景，曾被齐高帝拜为左卫殿中将军，后隐居山中，号称“华阳真人”，著有《古今刀剑录》，对刀剑历史做了详细介绍，同时也开创了宗教与剑术结合之风。

唐朝时期，剑术重又振兴。朝野上下，文武将相，儒道戏杂，莫不以习武学剑为能事。著名诗人李白，自称“十五好剑术”“二十成文章”。王维自称“读书复骑射，带剑游淮阴”。杜甫平生以剑为伴，“酒阑插剑肝胆露”“拔剑或与蛟龙争”。他们不仅是一代文豪诗圣，而且也是“起舞拂长剑，四座皆扬眉”的剑术高手。著名画家吴道子、书法家张旭，在观看了舞剑之后，都深受启发和激励，书画“若有神助”，技艺大为长进。这证明了剑术不仅在技击方面有独到之处，而且在精神上、艺术上也具有特殊的感染力。

民间剑术活动，在唐宋时期有了长足发展。据记载，当时庶民百姓，每逢劳作空隙，“击剑相试，观者络绎不绝”。宋代诗人苏轼，对民间武术的发展给予了热情歌颂，他写道：“提剑本是耕田夫，横行天下竟何事。”这一时期，剑术在“百戏”队伍里，在街头艺人中，也有广泛开展。公孙大娘、李十二娘都是当时著名的女艺人和舞剑能手。诗人杜甫曾这样描绘：“昔有佳人公孙氏，一舞剑器动四方。观者如山色沮丧，天地为之久低昂。霍如羿射九日落，矫如群帝骖龙翔。来如雷霆收震怒，罢如江海凝清光。”以上情况表明，作为武技的剑术更趋向健身性、艺术性，日益与体育、文娱活动相结合。

应该指出的是，唐宋时代的剑术在与宗教结合的过程中，荒诞迷信的一面也有所造势。以“降妖伏魔”“飞剑取首”为内容的剑侠小说出现之后，产生了宣扬神怪迷信、愚弄群众的作用。

元代以后，武术经历了坎坷不平的发展道路，剑术发展也是这样。

元朝统治者严禁民间习武和收藏兵器，规定“教人兵艺，杖之”，致使剑术流传受到压制。

明代是武术重获发展的时期，出现了很多武术流派。当时虽然火器已经广泛应用于战争，但武术的军事价值并未消失，如著名战将俞大猷、戚继光、何良臣、茅元仪等撰写的各种军事著作中，对包括剑术在内的各种武术器械及各种拳法，皆有专门论述。另一方面，这时武术的体育作用愈加显著，剑术作为武术健身手段，更加广泛流传于民间僧俗之中。明末武术家吴殳，50岁时还向渔阳老人学习剑法，写成《剑诀》于世。

清朝虽也三令五申禁民习武，但武术却更加隐蔽地通过各种形式和渠道广泛流传。同时，社会上出现了众多的武术门派，随之也产生了各门各派的剑法，剑术呈现了千姿百态、各具特色的局面。

明清两代的武术虽然有了进一步的发展，形成了许多武术门派、流派，但剑术的地位却远不如古代显著。其表现之一，剑术在军事上的地位下降。在当时重要的军事著作中，剑术皆不占重要位置，如《续武经总要》《阵记》《纪效新书》和《武备志》等著作，多认为“拳、棍为诸艺之本源”。表现之二，精通剑术的高手颇为罕见。何良臣在《阵记》中说：“惟卞庄之纷绞法，王聚之起落法，刘先主之顾应法，马明王之闪电法，马超之出手法，其五家之剑，庸或有传。”

表明一些精湛剑术缺少继承，多不经传。《考槃余事》中也感叹："今无剑客，而少名剑。"表现之三，剑术附属于各拳种中，作为各门派器械出现，丧失了独立地位。然而在历史上，社会习武以剑为主体，人们通过击剑、舞剑作为习武思奋、健身抒情的主要手段。

国民党统治时期，虽然从中央到地方设立了一些"国术馆"，甚至打出"提倡国粹""国术救国"的旗号，然而实际上武术并未受到重视。一些武术家生活得不到保障，群众武术活动处于自发自流状态，具有悠久历史传统的中华武术基本停滞不前。

新中国成立以后，武术作为民族体育项目，在挖掘、整理、继承的基础上，得到空前的发展，出现了群众性练武的高潮。剑术作为主要武术项目，更是备受人们的喜爱，其内容不断丰富发展，技术日益充实和提高。

现代剑术以套路为主要形式，其特点是轻盈敏捷、优美潇洒、气势流畅、刚柔相济。武术谚语素有"刀如猛虎，剑如飞凤"和"剑走美势"的说法，剑术吸引着越来越多的爱好者。

现代剑术内容十分丰富，常见的有青萍剑、太极剑、三才剑、三合剑、龙形剑、八卦剑、八仙剑、纯阳剑、绨袍剑、达摩剑、螳螂剑、七星剑、武当剑、飞虹剑、昆仑剑、通背剑、奇形剑、连环剑、龙凤剑、十三剑、醉剑等，数不胜数。为适应武术教学、训练和竞赛的需要，有关部门还编定了各种剑术规定套路和竞赛规则，规定了剑术比赛的动作规格和内容要求，注意纠正"技击至上"和"舞台化""体操化"等倾向，从而使剑术沿着推陈出新、古为今用、百花齐放的发展道路前进。

现代剑术的演练大体可分为单练、对练和集体演练 3 种形式，其中以个人单练为基础。剑术按演练器械可分为单剑、双剑两大类。

单剑多为右手正握剑，也有反手剑（剑身背向虎口握剑）、双手剑（剑身及剑柄均较长，双手握柄）的练法；双剑则为左右手正握，两剑呼应成对，协调配合。无论单剑、双剑，都有配挂长穗、短穗之别，称为长穗剑、短穗剑，且各有不同的技法和特点。就演练技术风格划分，剑术可分为行剑、势剑、意剑三大类。行剑突出一个“行”字，善于走动而较少定势，要求身法、步法、剑法顺遂协调，气势连贯，动作轻捷，运动中不断变换招术，刚柔相兼，身剑合一；势剑又称站剑，

突出一个“定”字，以一招一式见长，特点在于动静分明，桩步稳固，劲力饱满，造型优美；意剑突出一个“意”字，要求象形取意，意领身随，快慢相兼，绵绵不断，凝神敛气，柔中寓刚，如醉剑、太极剑、八卦剑等。当然，行剑、势剑、意剑的分法，只是就其运动风格、特色相对而言，其间并无截然界限。实际上，任何剑术都需要动静相间，形意兼备，剑与神合，身与剑合。

第三章

剑的结构、特点及价值

剑是一种平直、细长、带尖、两面有刃的短兵械，素称“百刃之君”。它由矛头和匕首演进而成，以撩刺为主，风格轻灵潇洒。剑术分为单剑与双剑两种，并以单剑为多。

剑的盛行与中国古代战争的形态有着密切的关系。商代到春秋之时，正式的战争以车战为主，接战的范围、回旋的空间都较大，因此战车上较常用的武器是戈或矛，而当时的剑只在近战或肉搏时使用。

春秋之后，步兵兴起，剑作为一种武器开始受到重视。当时的剑长度在 28 ～ 40 厘米，杀伤力极强。吴越地区由于水道纵横，车行不便，使剑的步兵能够发挥出很大威力。所以，其铸剑水平远高于中原诸国。当时有名的铸剑大师欧治子和干将莫邪夫妇即生活在吴越地区，其技术之精湛、工艺之华美，可称举世无匹，对剑身的表面处理，尤其神秘华丽的花纹，即便在 2500 年后的今天，仍然寒光四射，锋锐如新。这种处理技术，至今依然是个谜。

战国时，随着车战的衰落，剑作为一种步兵武器，更受重视。铁剑，长度一般为 80 厘米，最长约 140 厘米，青铜剑也可达到 70 厘米，最长约 93 厘米。制造长剑，对材质要求很高。因为剑刃和剑脊必须使用两种不同性质的材料，铸造铁剑时，要改变或控制含碳量，而青铜则要控制好铜与锡的配合比例。只有这样，才能使剑脊韧性好，不易弯折，剑刃坚硬锋利。

战国时代到汉朝，为中国用剑的鼎盛时期，此后便迅速衰落。作为军队使用的兵器，剑虽然退出了战场，但自汉代以后又作为一种仪仗的装饰品，佩在高官达贵身边，重现原有风采。而明代高官在率领军队远征时，皇帝常常亲自向他们授以象征皇权、装饰华美的“尚方宝剑”。

剑虽然远离了中国古战场，但仍旧是武术界最重要的兵器之一。武当派所独有的武当剑法更是称雄于世。另外，剑还是道教仪式所不可缺少的法器，深受道士们喜爱。

剑的结构及各部位名称

中国古剑长短不等，有巨剑、长剑、短剑、小剑之分。现代剑的长度，一般以反手垂臂持剑，剑尖高不过头、低不过耳为准。剑长度应以直臂反手持剑姿势为宜，剑尖不得低于本人耳上垂。剑的硬度，以剑垂直剑尖触地时，看剑身不得弯曲。剑的结构，古今大致相同，由以下各部分组成。

1. 剑刃：剑身两侧锋利的薄刃。
2. 剑尖：剑身锋锐的尖端。
3. 剑面和剑脊：剑身的平面部分和剑面长轴。
4. 剑柄（剑茎）：剑把上手握的部位。
5. 护手（剑格）：剑柄与剑身相隔的凸出处，多成凹形。
6. 剑首（剑墩、剑镡）：剑柄后端的凸出部位，多成凸形。
7. 剑穗（剑袍）：附在剑首的丝织的穗子。

剑术的特点

在漫长的历史发展过程中，剑术名目繁多，技术丰富多彩，但它们的特点和价值却是共有的，而且有很高的健身功能和体育医疗价值，同时能起到陶冶情操的作用。

今天，健身运动热潮不断高涨，剑术作为最受群众欢迎的民族化的体育健身形式之一，正在得到空前规模的推广与普及。

❖ 招式独特

当代剑术具有优美潇洒、蓄发相间、气势流畅、虚实分明、刚柔相济、动静相兼和灵活多变等特点。

❖ 适应性强

剑术，是一种适应性很强的体育锻炼项目，它既适合于男性，也适合于女性；既适合于一般成年人，也适合于青少年和中老年；既可以集体练，也可以单独练。

❖ 易于开展

剑术练习在场地、器材等方面并没有什么特殊要求，易于开展。

剑术的价值

剑术作为中国武术特有表现形式的套路运动，虽然种类繁多，但是对人体的价值却是一样的。

❖ 壮内强外的健身作用

中国人民千百年来的习武实践和多年的科学研究，都说明武术由于注重内外兼修，对身体有着多方面的良好影响，经常练习剑术，能收到壮内强外的效果。

剑术注重调息运气和意念活动，长期练习对治疗多种慢性疾病和调节人体内环境平衡，均有良好的医疗保健作用。

❖ 培养道德情操的教育作用

剑术在长期的发展过程中，继承和发扬了中华民族重礼仪、讲道德的优良传统。“习武先习德”。说明武术练习历来重视武德教育。尚武崇德的精神可以培养青少年尊师重道、讲礼守信、宽以待人、严于律己等良好的心理素质和高尚的道德情操。

❖ 丰富文化生活

剑术运动具有很高的观赏价值，内外合一、形神兼备的和谐美引人入胜，能够给人以一种美的享受和精神上的激励。

第四章

练习剑术的准备活动

以往哲人道："生命在于运动。"但是盲目、不科学的运动，非但不能起到强身健体的作用，反而会给身体带来一定的伤害。只有掌握体育锻炼的一些生理卫生知识，科学地进行体育锻炼，才能起到健身强体、防病治病的作用。进行剑术运动时，除了应进行一般性的身体检查和必要的咨询外，还要注意培养运动兴趣和把握适当的运动强度。

在进行剑术运动前，首先必须培养自己对剑术运动的兴趣。方法有很多，如观看剑术比赛，与同学、朋友进行剑术运动等。有了浓厚的兴趣，就能自觉地投入剑术运动之中，从而得到理想的体育锻炼效果。

进行剑术运动，主要是在参加剑术运动的过程中增强体质，提高健康水平，而不是为了创造运动成绩，所以运动强度不宜过大。控制运动强度最简单的办法是测定运动时的脉搏。一般对剑术爱好者来说，运动时的脉搏控制在每分钟 140 次左右较为合适。

活动时运动强度小，运动时间就应相对延长。每天活动时间以半小时以上为宜。对于刚参加剑术运动的人来说，一开始活动的时间宜短不宜长，以后随着身体功能的适应，运动时间可以逐渐延长。

运动前进行充分的准备活动，对于剑术爱好者来说是非常重要的。剑术运动爱好者，常常不重视运动前的准备活动，导致各种运动损伤，影响运动效果，也容易失去对剑术运动的兴趣，甚至造成畏惧剑术运动。因此，剑术爱好者在进行剑术运动前，必须充分做好准备活动。

准备活动的作用

运动前做好充分的准备活动能够对肌肉、内脏器官有很大的保护作用，同时还可提前调节运动时的心理状态。

❖ 提高肌肉温度，预防运动损伤

运动前进行一定强度的准备活动，不仅可使肌肉内的代谢过程加强，温度增高，黏滞性下降，提高肌肉的收缩和舒张速度，增强肌力，同时还可增加肌肉、韧带的弹性和伸展性，减少由于肌肉剧烈收缩而造成的运动损伤。

❖ 提高内脏器官的功能水平

内脏器官的功能特点之一就是生理惰性较大，即当活动开始，肌肉发挥最大功能水平时，内脏器官并不能立刻进入最佳活动状态。若正式开始体育锻炼前进行适当的准备活动，可在一定程度上预先动员内脏器官的功能，使内脏器官从活动一开始就达到较高水平。另外，进行适当的准备活动，还可以减轻开始运动时由于内脏器官的不适应而造成的不舒服感觉。

❖ 调节心理状态

剑术爱好者进行体育锻炼，不仅是身体活动，同时也是心理活动。研究证明，心理活动在体育锻炼中起着非常重要的作用。体育锻炼前的准备活动，可以起到心理调节的作用，即接通各运动中枢间的神经联系，使大脑皮层处于最佳兴奋状态。

准备活动的做法

一般来说，准备活动主要应考虑内容、时间和运动量等问题。

准备活动可分为一般准备活动和专项准备活动。一般准备活动，主要是一些全身性的身体练习，如跑步、踢腿、弯腰等。一般性准

备活动的作用，在于提高整体的代谢水平和大脑皮层的兴奋状态，减少运动损伤的发生。专项准备活动，是指与所从事的体育锻炼内容相适应的动作练习。

下面介绍一套一般性准备活动操，供剑术爱好者运动前使用。这套活动操主要包括头部运动、肩部运动、扩胸运动、体侧运动、体转运动、髋部运动和踢腿运动等。

头部运动:两手叉腰，两脚左右开立，做头部向前、向后、向左、向右，以及绕环运动。

肩部运动：手扶肩部，屈臂向前、向后绕环，以及直臂绕环。

扩胸运动：屈臂向后振动及直臂向后振动。

体侧运动：两脚左右开立，一手叉腰，另一臂上举，并随上体向对侧振动。

体转运动：两脚左右开立，两臂体前屈，身体向左、向右有节奏地扭转。

髋部运动：两脚左右开立，两手叉腰，髋关节放松，做向左、向右 360 度旋转。

踢腿运动：两臂上举后振，同时一腿向后半步，然后两臂下摆后振，同时向前上方踢腿。

时间和运动量

准备活动的时间和运动量随体育锻炼的内容和量而定，由于以健身为目的的体育运动量较小，所以准备活动的量也相对较小，时间也不宜过长，否则，还未进行体育锻炼身体就疲劳了。半小时的体育锻炼，准备活动时间一般以 10 分钟左右为宜。

另外，与运动员正式参加比赛不同，剑术爱好者进行准备活动后就可马上从事剑术运动。这是因为运动员准备活动后适当地休息，是为了使身体功能有所恢复，以便在比赛中创造优异成绩，而剑术爱好者参加剑术运动是为了增强体质，不是创造成绩。

运动后放松

进行剧烈的剑术运动后，有些剑术爱好者习惯坐在地上，或是直接躺下来休息，认为这样可以快速消除疲劳，其实不然。这样做的结果不仅不能尽快地恢复身体功能，反而会对身体产生不良影响。正确的做法应该是运动后做一些整理活动，放松身体。

运动后的整理活动不但可以避免头晕等症状，还可以有效地消除疲劳。

避免头晕：在进行剑术运动时，心血管功能活动加强，骨骼肌等外周毛细血管开放，骨骼肌血流量增加，以适应身体功能的需要。而运动时骨骼肌的节律性收缩，又可以对血管产生挤压作用，促进静脉血回流。

人体在停止运动后，如果停下来不动，或是坐下来休息，静脉血管失去了骨骼肌的节律性收缩，血液会由于受重力作用滞留在下肢静脉血管中，导致回心血量减少，心血输出量下降，造成暂时性脑缺血，出现头晕、眼前发黑等一系列症状，严重者甚至会出现休克。为了避免这些症状的发生，整理活动是非常必要的。

消除疲劳：除了避免头晕等症状的发生，运动后的整理活动还可以改善血液循环状态，达到快速消除疲劳的目的。

放松方法

运动后放松时，应注意以下几个问题：

做一些放松跑、放松走等形式的下肢运动，促进下肢静脉血的回流，防止体育锻炼后心血输出量的过度下降；

在下肢活动后进行上肢整理活动，右臂活动后做左臂的整理活动，通过这种积极性休息，使身体功能得到尽快恢复；

整理活动的量不要过大，否则整理活动又会引起新的疲劳；

在进行整理活动时，应当保持心情舒畅、精神愉快的感觉。

人体在运动后，除采用休息和积极性体育手段加速身体功能的恢复外，还可以根据剑术运动的特点，补充不同的营养物质，以尽快消除疲劳。

剑术运动结束后，人体内会产生一种叫作乳酸的酸性物质，它的积累会造成肌体的疲劳，使恢复时间延长。所以，我们在从事剑术运动后，应多补充一些碱性食物，如蔬菜、水果等，而动物性蛋白等肉类食品偏“酸”，在运动后的当天可适当减少。

第五章

剑术基本技术

学习剑术的注意事项

❖ 树立正确的习武目的

剑术本身是一种体育运动，没有善恶之分。然而，剑术具有很强的技击性，好人掌握它，可以用来强身健体、防身自卫，坏人掌握了它，势必为害一方。

中国剑术界历来倡导良好的武德，各门各派都十分重视修养武德、端正武风，提出“未曾学艺先学礼，未曾习武先习德”的要求。古今有名的剑术家和一些英杰，他们的习武都有纯正的动机，以国家、民族利益为重，不谋私利而秉大义，不畏强暴而舍己为人；为人虚怀若谷、讲礼守信；习武精益求精、持之以恒。我们应该学习武林先辈的优良传统，学习他们的为人，做到谦虚谨慎、刻苦好学、遵纪守法；切忌恃强凌弱、为非作歹，否则害人害己。我们学习剑术的主要目的是：强身健体、防身自卫。

❖ 学生必须树立真实的自信心

自信心来源于对自己的正确而全面的认识和评价，并相信凭借自己的能力，能够充分利用条件并克服各种困难，通过自己的所作所为必定会有所成就的信念。当一个人清楚地了解自己的兴趣、个性、能力、价值观以及潜能的发展方向，就会对于未来社会、自己的前程充满信心。学习剑术是困难的，学习过程会遇到各种各样的难题，学生解决这些困难障碍时，必须有战胜困难的自信心。剑术比赛和剑术表演通常是在特定的环境条件下完成规范动作，具有一定的难度性、协调性、灵活性和欣赏性，学生没有沉着、勇敢、顽强的个性，则不可能完成高难度的剑术动作；没有良好的心理素质，则不可能在瞬息万变的竞争表演中发挥自己的技术与战术，取得比赛的胜利。在比赛中学生受竞争气氛熏染，将促进学生在竞争中克服惰性，刻苦学习。这种竞争性可刺激和强化学生行为的积极性，培养强烈的竞争意识和进取精神。大学生在剑术练习中克服曲折、战胜困难，从而建立战胜学习、生活中困难的自信心。

❖ 勤练基本功，打好基础

基本功、基本素质、基本动作的练习是十分艰苦和枯燥的。然而，"打拳不练功，到老一场空"，没有良好的身体素质、扎实的基本功、准确的基本动作，是达不到剑术的至高境界，也练不出超凡的身手的。练好基本功，可以使复杂的动作和套路的学习变得容易，达到事半功倍的效果；同时，通过练习基本功，能增强练习者各关节韧带的柔韧性和灵活性，提高肌肉的弹性与控制能力，进而减少和防止练习中伤害事故的发生。

在练习基本功时，要注意全面练习，不要只练自己感兴趣的动作；要克服枯燥，每一基本动作都要一丝不苟地反复练习，精益求精；特别要注意动作准确、协调。否则，一旦错误动作定型，就很难纠正了。

❖ 处理好多与精的关系

剑术门派众多，各有自己的特长，如能虚心学习，取百家之长，补己之短，对自己肯定是大有益处，对剑术的发展也会有推动作用，值得提倡。然而，剑术的内容浩瀚如海，一个人即便穷其一生，也不可能精通剑术的全部内容，且也没有必要。在处理"多"与"精"的关系上，古人理解得非常精辟："不怕千招会，就怕一招精。"意思是练习剑术宁可少而精，也不可多而松。自古以来，有许多以精取胜的事例。如清代著名形意拳名家郭云深几十年如一日苦练形意拳，其中一招“半步崩拳”的绝技更是精妙绝伦，仅此一招击败无数武林高手，有“半步崩拳打天下”之说。

❖ 持之以恒，循序渐进

“一日练，一日功，一日不练十日松。”练习者必须持之以恒，否则，不进则退，前功尽弃。要想练好剑术，还必须遵循剑术运动的规律，从基本功开始，由浅入深，由简到繁，由易到难，循序渐进。如果急于求成，没有扎实的基本功，一味追求练习高难动作、绝招，反而会事与愿违，不但收效甚微，还可能造成伤害事故，导致走火入魔。确定阶段的练习内容和要达到的水平，并要定期检查练习的效果，此可作为调整进度的依据。通过检查还可以了解自己的进步程度，体验成就感，保持对剑术持久的兴趣。

❖ 防止伤害事故的发生

由于剑术运动的特点，在运动中最容易出现肌肉和韧带的拉伤、四肢关节扭伤、腰和膝关节的劳损。肌肉和韧带的拉伤原因，主要是在练习幅度较大的动作时，准备活动不够，动作用力过猛；关节扭伤主要是在完成动作时技术动作错误、场地不好或身体疲劳等原因造成的；腰和膝关节的劳损，主要是由于剑术练习对这两个部位产生了较大的运动负荷。

为了预防运动损伤，首先，要加强全面身体素质练习，尤其是发展薄弱部位的肌肉力量；其次，每当练习时，要充分做好准备活动，特别是完成高难度动作时，更应做一些专门性的准备活动；再次，注意检查练习场地和器材，清除练习场地上的石头和洼坑，加固松动的

练习器材；最后，注意科学地安排练习内容和运动负荷量，避免局部负荷过重。每次练习后的充分放松，可做一些局部按摩，防止疲劳积累。

徒手基本功

剑术基本功和基本动作的练习，是发展剑术专项素质，为进一步学习剑术套路和提高剑术运动技术水平打下基础的锻炼方法。它一般包括肩、臂、腰、腿、手、步，以及跳跃、平衡等练习内容，是初学者和有一定剑术基础的人不可缺少的训练内容。通过基本功和基本动作的练习，能增强各关节、韧带的灵活性和柔韧性，提高肌肉的控制能力和必要的弹性。

要练好基本功，必须贯彻从易到难、从简到繁、由浅入深的原则，逐步加大动作难度，日积月累，逐步提高。拳谚说得好，“练武不练功，到老一场空”“练功得先从基本功开始”。由此可见，基本功的重要性。要练好剑术，就一定要从基本功开始。

❖ 步型

在剑术运动中，两腿表现出来的形状称为步型。经常用到的步型有弓步，马步，仆步，歇步，虚步 5 种。步型练习主要是增进腿部力量，规范下肢动作和提高两腿的稳定性。

1. 弓步

左腿屈膝前弓为左弓步，右腿屈膝前弓为右弓步。

动作说明：左脚向前一大步，脚尖微内扣，左腿屈膝半蹲，膝与脚尖垂直。右脚全脚着地。上体正对前方，眼向前平视。两手抱拳于腰间。

要求与要点：①左脚内侧与右脚跟成一直线。②左腿弓，右腿绷，

挺胸，塌腰，沉髋。

练习方法：①原地静止性的弓步练习，慢慢延长时间，体会动作要点和增加下肢支撑力。②原地左右弓步交替练习。③行进间上步成弓步练习。④结合手法的行进间练习,如“弓步冲拳或弓步推掌”等。

易犯错误：①后腿屈膝，拔腿。②上体前俯。

纠正方法：①练习时，后腿膝关节用力挺直，脚跟用力后蹬，同时加强膝、踝关节的柔韧性练习。②注意头向上顶，髋部下沉。

2. 马步

动作说明：两脚平行开立（约本人脚长的 3 倍），脚跟外蹬，屈膝半蹲；膝部不超出脚尖，大腿接近水平，全脚着地，身体重心落于两腿之间；两手抱拳于腰间或侧平拳。

要点：挺胸，收腹，膝微内扣，脚跟外蹬。

易犯错误:①两脚之间的距离过大或过小。②脚尖外撇。③凸臀，上体前俯。

纠正方法：①先量出脚距离，然后再屈膝下蹲。②练习时注意两脚跟用力外蹬，膝微扣。③注意挺胸，收腹，敛臀。

3. 仆步

仆左腿为左仆步，仆右腿为右仆步。

动作说明：两脚左右开立，右脚屈膝全蹲；大腿和小腿靠紧；臀部接近小腿。右脚全脚着地，脚尖和膝关节外展；左腿挺直平仆，脚尖里扣，全脚着地；两手抱拳于腰间，眼向左平视。练习时，左右交替进行。

要求与要点：挺胸，收腹，沉髋。

练习步骤：与“弓步”相同。

易犯错误：①平仆腿弯曲，脚外侧掀起。②上体前倾。

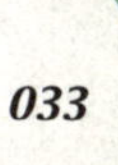

纠正方法：①收单仆腿的膝外侧抵住墙根或其他物体，不让脚跟掀起。②练习时先使上体正直，然后再下蹲成仆步。

4. 虚步

左脚在前为左虚步，右脚在前为右虚步。

动作说明：两脚前后开立，右脚外展45度，屈膝半蹲，左脚脚跟离地，脚面绷平，脚尖稍内扣，虚点地面；膝微屈，重心落于后腿上；两手抱拳于腰间。

要求与要点：①挺胸，塌腰，虚实分明。②练习时，左右交替进行，逐渐延长时间。

练习步骤：①手扶一定高度的支撑物练习。开始姿势可高一些，逐渐下蹲至大腿接近水平。②③④与“弓步”相同。

武

易犯错误：①虚实不清。②支撑腿蹲不下去。

纠正方法：①支撑腿先下蹲，再将虚腿前伸，脚尖虚点地。②多做单、双腿或负重的蹬伸练习，增加下肢力量。

5. 歇步

左脚在前，为左歇步；右脚在前，为右歇步。

动作说明：两腿交叉靠拢全蹲，左脚全脚着地，脚尖外展。右腿前脚掌着地；膝部贴近左膝外侧，臀部坐于右腿接近脚跟处。两手抱拳于腰间。眼向左前方平视。练习时，左右交替进行。

要求与要点：挺胸，塌腰，两腿靠拢贴紧。

练习方法：与“弓步”相同。

易犯错误：①动作不稳，左右晃动。②上体前俯。

纠正方法：①练习时，注意前脚尖外展，两腿贴紧。②上体保持正直后，再逐渐下蹲。

❖ 步法

步法练习主要是增进腿部的速度，发展两腿移动和转换的灵活性。主要步法有：上步、退步、盖步、插步、行步、击步等。

1. 上步

后腿向前迈步为上步。

2. 退步

前脚向后退步为退步。

3. 盖步

一脚经另一脚前，横迈一步成两腿交叉为盖步。

4. 插步

一脚经另一脚后，横迈一步成两腿交叉为插步。

5. 行步

两腿微屈，两脚迅速连续向前行步，每步大小略比肩宽，也可走弧线形路线或 S 形路线。要求挺胸塌腰，保持半蹲姿势。身体重心要平稳，不可有高低起伏现象。脚落地时，先脚跟再过渡到全脚掌，然后再到前脚掌。

6. 击步

前脚蹬地，向前上方跳起，后脚在空中碰前脚，然后后脚先落地，前脚后落地。要求腾空时上体正直，并侧对前方，在腾空的最高点，完成两脚的击碰动作。

❖ 肩臂和腰部练习

主要发展肩关节和腰部柔韧性，加大肩关节、腰部的活动范围，发展臂部力量，可以提高上肢活动能力；为学习剑术各种基本手法，提供必要的专项素质。练习方法有压肩、绕环等。而腰是身体的基础。“练拳不活腰，终究艺不高。”这句拳谚说明腰在剑术运动中的重要地位。练习方法有俯腰、晃腰、翻腰和下腰等。

1. 压肩

面对肋木或一定高度的物体开步站立。两手抓握肋木，上体前俯并做下振动作，也可由助手帮助做搬压练习。

要求与要点：挺胸，塌腰，收髋，两臂要伸直。振幅应逐步加大，压点集中于肩部，增加外力时应由小到大。

2. 耸肩沉肩

并步叉腰站立。两肩同时向上耸起，然后再同时下沉。如此上、下交替练习。

要点与要求：头要端正，胸要放松。

3. 开肩分肩

并步叉腰站立。含胸同时两肩向前合抱，然后随展胸同时两肩向后开展，如此开、合交替练习。

要点与要求：前合时，两肩只能前移，不可上耸；后开时，头要端正，不可前伸。

4. 握棍转肩

并步站立，两手正握小棍于体前，两手相距一定距离，以肩关节为轴，两臂由体前经头顶绕至背后，然后再由背后经头顶绕至体前。

要求与要点：两臂始终保持直臂姿势，两手持棍的距离要保持不变。

5. 绕环

单臂绕环：左弓步站立。左手按于左膝上，右臂垂于体侧；右臂由下向上，向后、向前绕环一周，然后再由下向后、向上、向前绕环一周。练习时，左右交替进行，左臂绕环时，换右弓步站立，反之亦同。

要点与要求：绕环时两臂要立圆，上体要放松。

6. 俯撑

两脚并拢伸直，两手距离同肩宽，手指朝前直臂撑地，成俯卧。臀部凸起，身体从前向后移动，随即两臂屈肘，上体从后向下，向前移动，至两臂伸直，然后再从前向上、向后移动还原。

要求与要点：①两腿必须始终伸直，上体贴近地面前移。②身体前后移动幅度要大，初练要慢些，以后逐渐加快。

7. 倒立

两臂伸直，两手距离同肩宽撑地，左脚蹬地，右脚摆动，靠墙做手倒立。

要求与要点：①两腿并拢伸直，两手不要移动。挺胸抬头、立腰。

②逐渐延长时间，熟练后可不靠墙。

8. 俯腰

①前俯腰：两手指交叉，直臂上举，手心朝上，上体前俯，两手掌心尽量贴地。然后手松开，抱住两脚跟腱处，逐渐使胸部贴近腿部，持续一定时间后再起立。

要求与要点：两腿挺膝伸直，挺胸，塌腰，收髋，前屈体。

②侧俯腰：两手指交叉，直臂上举，手心朝上，上体左转，两脚不动，然后上体向左侧下屈，两手掌心贴地持续一定时间后，再起身做另一侧。

要求与要点：两膝挺直，上体尽量下屈。

9. 翻腰

右脚在前，左脚在后，屈膝下蹲成右歇步双摆掌。上体前俯，沿纵轴向右翻转一周；同时两臂先左后右依次向下、向右、向上；向右抡绕成左歇步双摆掌。练习时，左右交替进行。

要点与要求：上体必须沿纵轴翻转，翻转快而有力，两臂要立抡成圆。

10. 下腰

两脚开立，与肩同宽，两臂伸直上举。腰后屈，抬头，挺胸，两手向后，向下撑地成桥形。

要点与要求：挺胸，挺髋，腰向上顶，桥弓要大，脚跟不得离地。

❖ 腿部练习

腿部练习，一般有压腿、搬腿、劈腿和踢腿等方法。通过腿部练习，能有效地发展下肢的柔韧性、灵活性和力量等素质。下面介绍压腿和踢腿两种：

武

1．压腿

主要是拉长腿部的肌肉和韧带，加大髋关节的活动范围。压腿的方法，主要有正压、侧压、后压和仆步压4种。

（1）正压腿

面对一定高度的物体，并步站立。左腿提起，脚跟放在肋木上，脚尖勾紧，两手扶按在膝上。两腿伸直，立腰，收髋，上体前屈，并向前、向下做压振动作。

要点与要求：①直体向前、向下压振，并逐渐加大振幅，逐步提高腿的放置高度。②压至有疼痛感时，可停住不动。

（2）侧压腿

侧对肋木，右脚支撑，脚尖微向外展，左脚脚尖勾紧举起，脚跟放在肋木上。右臂屈肘上举，左掌附于右胸前，两腿伸直，立腰，开髋，上体向左侧振压。练习时，左右交替进行。

要点与要求：①与正压腿第一点同。②逐步过渡到上体侧卧在被压腿上。

（3）后压腿

背对肋木，并步站立，两手叉腰或扶一定高度的物体，右腿支撑，左腿举起，脚背放在肋木上，脚背绷直，上体后屈并做振压动作。练习时，左右交替进行。

要点与要求：两腿挺膝，支撑腿全脚着地，脚趾抓地，挺胸，展髋，腰后屈。

（4）仆步压腿

两脚左右开立。右腿屈膝全蹲，全脚着地，左脚挺膝伸直，脚尖内扣，然后两手分别抓握两脚外侧，成左仆步。接着右脚蹬地，右脚伸膝，重心左移；左膝变屈，转成右仆步。

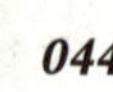

要点与要求：挺胸，塌腰，沉髋，左右移动，尽量使臀部贴近地面，移动速度不要过快。

2．踢腿

踢腿是腿部练习的重要内容，也是训练基本功的主要方面之一。通过踢腿练习，可以提高腿部的柔韧、灵敏、力量、速度等素质。踢腿的方法有正踢、侧踢、外摆、里合、后踢5种（弹腿、蹬腿在腿法中再详细介绍）。

（1）正踢

预备式：两脚并立；两手成立掌，两臂侧平举。左脚向前上半步，左腿支撑，右脚脚尖勾起向额前方猛踢；两眼向前平视。练习时，左右交替进行。

要点与要求：①挺胸、收腹、立腰、沉髋。②踢腿时，脚尖勾起绷落，腿过腰后加速。

（2）侧踢

预备式：同正踢腿相同，右脚向前方上半步，脚尖外展，左脚脚跟稍提起，上体右转90度；左臂前伸，右臂后举。随即用左脚脚尖勾紧向左耳侧踢起；同时右臂屈肘上举亮掌，左臂屈肘立于右肩前或垂于裆前；眼睛平视。踢左腿为左侧踢，踢右腿为右侧踢。

要点与要求：同“正踢”。

（3）外摆

预备式：同“正踢”腿相同。右脚向右前方上半步，左脚脚尖勾紧，向右侧上方踢起，经面前向左侧上方外摆，直腿下落于右脚旁；眼向前平视；左掌可在左侧上方击响，也可不击响。练习时，左右腿交替进行。

要求与要点：挺胸、塌腰、松髋展髋。外摆幅度要大成扇形。

（4）里合

同外摆，唯有外向内做。

要求与要点：挺膝，立腰，松髋，合髋。里合幅度要大成扇形。

（5）后踢

双手扶肋木或一定高度的物体，并步站立。右腿支撑，左腿绷直，挺膝向后上踢起，当大腿后踢过腰高度后，也可松膝，用脚掌去碰头部。练习时，左右交替进行。

要求与要点：①挺胸，抬头，腰后屈；②支撑脚伸直，后踢腿要与上身成环形。

（6）前扫腿

预备姿势：两脚并立，两臂垂于体侧。

动作说明：左脚向右腿后插步，同时两手由下向左向上，向右弧形摆掌，右臂伸直，高与肩平，成侧立掌；左掌附于右上臂内侧，掌指向上。头部右转，目视右方。

上体左转 180 度，左臂随体转向左后方平搂至体左侧，稍高于肩；右臂随体转自然平移至体右侧，掌心朝前，掌指朝右下方。上体继续左转，左脚尖外撇。右掌从后向上、向前屈肘降落，同时左臂屈肘，掌指朝上从右臂内侧向上穿出，变横掌架于头部左上方，拇指一侧向下。随即右掌下降并摆向身后变勾手，勾尖朝上。在左脚尖外撇的同时，左腿屈膝，左脚跟抬起，以左脚前掌碾地，右腿平铺，脚尖内扣，脚掌着地，直腿向前扫转一周。

要点与要求：头部上顶，眼睛随体转平视前方，上体正直。在扫转时，始终保持右仆步姿势，保持身体重心平衡，右膝不要弯曲。

易犯错误和纠正方法：①左腿屈膝角度不够，扫腿时重心太高。纠正方法：在扫转起动的同时，强调左腿迅速全蹲。②身体重心不稳，左右倾倒。纠正方法：头部上顶，眼睛向前平视，上体正直，左掌尽量上撑，用力提高旋转时身体的稳定性。③扫转时，拧腰与扫腿配合得不协调或用力不当，造成上体前后倾倒和扫转动作中断。纠正方法：上体要正直，旋转起动时以拧腰带动扫腿；左大腿后侧要贴近左脚跟，两腿间形成的右仆步姿势的角度始终不变。④扫转时的脚型不正确，使动作不能充分发挥惯性作用，速度慢，扫转不够一周。纠正方法：仆步后强调右脚尖内扣，向左拧腰，转头与扫腿动作要衔接连贯、协调。

（7）后扫腿

预备姿势：两脚并立，两臂垂于体侧。

动作说明：左脚向前开步，左腿屈膝半蹲，右腿挺膝伸直成左弓步；同时两掌从两腰侧向前平直推出，掌指朝上，小指一侧朝前；眼看两掌尖。左脚尖内扣，左腿屈膝全蹲成右仆步姿势，同时上体右转并前俯。两掌随体右转在右腿内侧扶地，右手在前。随着两手撑地，上体向右拧转的惯性；以左脚前掌为轴，右脚贴地向后扫转一周。

要求与要点：转体、俯身、撑地用力要连贯紧凑，一气呵成。上下肢动作不要脱节。

易犯错误和纠正方法：①向右转体拧腰速度慢，以致旋转无力和腰腿动作脱节。纠正方法：身体直立，左腿支撑，多做高姿势的快速甩头、拧腰、扫腿动作的练习，体会拧腰、扫腿动作的用力方法和如何使动作快速、连贯的要领。②手扶地的位置不对，右手没有插于右膝下方。纠正方法：强调上体右转，两掌掌指向右同时扶地。

（8）弹腿

预备姿势：两脚并立，两手叉腰。

动作说明：右腿屈膝提起，大腿与腰平，右脚绷直，提膝接近水平时，要迅速猛力挺膝，向前平踢，力达脚尖。大小腿成一条直线，高与腰平，左腿伸直或微屈支撑。两眼平视。

要求与要点：挺胸，直腰，脚面绷直，收髋。弹击要有寸劲。

易犯错误和纠正方法：

屈伸不明显，类似踢摆动作。纠正方法：强调收髋，屈膝后再弹出。

力点不明显。纠正方法：强调猛挺膝，绷脚尖。

武

（9）蹬腿

预备姿势：两脚并立，两手叉腰。

动作说明：与“弹腿”同，唯脚尖勾起，力点达于脚跟。

要求与要点:易犯错误和纠正方法均与“弹腿”同,唯强调勾脚尖。

（10）侧踹腿

预备姿势：两脚并立，两手叉腰。

动作说明：两腿左右交叉，右腿在前，稍屈膝。随即，右腿伸直支撑，左腿屈膝提起，左脚里扣，脚跟用力向左侧上方踹出，高与肩平，上体向右侧倒，眼视左侧方。练习时，左右可交替进行。

要求与要点：挺膝、开髋、猛踹、脚外侧朝上，力达脚跟。

易犯错误和纠正方法：

脚尖朝上，成侧蹬腿。纠正方法：强调侧踹腿内旋后再踹出。

高度不够或收髋。纠正方法：多做仆步压腿、侧压腿和横叉等练习。还可以手扶一定高度的物体来练习上体侧倒,借以使腿踹得高些。

❖ 跳跃练习

1. 腾空飞脚

预备姿势：并步站立。

动作说明：右脚上步，左腿向前、向上摆踢，右脚蹬地跃起，身体腾空，两臂由下向前、向头摆起，右手背迎击左手掌。在空中，右腿向前上方弹踢，脚面绷直，右手迎击右脚面；同时左腿屈膝，左脚收控于右腿侧，脚面绷直，脚尖向下。左手在击响的同时摆至左侧方变勾手，勾尖向下，略高于肩。上体微倾，两眼平视前方。

要求与要点：

（1）右腿在空中踢摆时，脚高必须过腰，左腿在击响的一瞬间，

屈膝收控于右腿侧。

（2）在腾空的最高点完成击响动作。拍击动作必须连续、准确、响亮。

（3）在空中，上体正直，微向前倾，不要坐臀。

练习步骤：

（1）拍脚练习。练习方法可以原地进行，也可以行进间击拍。

（2）原地或行进间的右脚蹬—左腿摆—踢摆右腿的二起脚练习。

（3）右腿蹬地起跳，左腿屈膝摆起，同时两臂上摆并在头上击响的跳跃练习。

（4）上一步或三步助跑的完整动作练习。

易犯错误和纠正方法：

（1）右腿蹬伸与左腿踢摆脱节，动作不协调。纠正方法：可多做练习步骤“3”所示练习方法。

（2）起跳后，上体过于前俯，坐臀，致使重心下坠。纠正方法：可多做行进间的单拍脚练习。在练习中强调上体正直。在此基础上降低腾空高度，掌握正确动作。待正确动作形成后，逐步加大腾空高度，完成空中造型。

2. 旋风脚

预备姿势：并步站立。

动作说明：高虚步亮掌：右臂向前上方弧形摆掌，同时左臂屈肘，左掌收于左腰间，上体微左转，目随右掌。右掌经体前向左、向下、向右、向头上抖腕亮掌，掌心向前，掌指朝左；同时左掌从右臂内穿出，经胸前向上、向左摆至左侧，掌指朝上，高于肩平。右脚在右臂抖腕亮掌的同时收于体前，脚尖虚点地面，成高虚步。头部左转，两眼随右掌抖腕亮掌转视左侧。

旋风脚：左脚向左上步，同时左手向前、向上摆起，右臂伸直向后、向下摆动。右腿随即上步，脚尖内扣，准备蹬地踏跳。左臂向下摆动并屈肘收至右胸前，同时左臂向上、向前抡摆，上体向左旋转前俯。重心右移，右腿屈膝蹬地跳起，左腿提起向左上方摆动，上体向左上方翻转，同时两臂向下、向左上方抡摆。身体旋转一周，右腿作里合腿，左手在面前迎击右脚掌，左腿自然下垂。

要求与要点：

右腿作里合腿时，要贴近身体；摆动时，膝挺直，由外向里成扇形。

击响点要靠近面前。左腿外摆要舒展，并在击响的一瞬间离地腾空。初学时，左腿可自然下垂。当能够较熟练地完成腾空动作时，左腿逐步高摆，屈膝或直腿收控于身体左侧。

抡臂、踏跳、转体、里合右腿等环节要协调一致。身体的旋转不少于 270 度。

练习步骤：

（1）原地或行进间的“里合腿加转体 90 度”的练习。

（2）原地或行进间的“里合外摆—右腿里合”的转体击响练习。

（3）不加腿法的抡臂旋体跳转 360 度的“翻身跳”练习。

（4）跳起的转体 90 度的击响练习；逐步增加转体 180 度、270 度的练习。

易犯错误和纠正方法：

（1）上下脱节，转体角度不够，动作不协调。纠正方法：多做转体 360 度的“翻身跳”练习。在不加腿法的“翻身跳”练习中，要求上下肢要协调，提高身体的旋转力。

（2）跳起后，两腿摆动时屈膝，坐髋。纠正方法：可多做“转身左外摆右里合”的腿法练习。在练习中强调伸膝的正确姿态。

（3）跳起后上体后仰。纠正方法：在提左膝、右腿单脚跳转 360 度的练习中，加强锻炼上体直立、头部上顶的能力。

3. 侧空翻

动作说明：左脚蹬地，右腿从后向上摆起，身体前屈，在空中做向左侧翻动作。右腿先落地，左脚随之落地。

要求与要点：翻转要快，两腿要直。

练习步骤：

（1）先做侧手翻，提高摆腿速度。

（2）在教师或同学的保护和帮助下，体会动作要领，然后逐步脱离保护。

易犯错误和纠正方法：

（1）摆腿不直，速度不快。纠正方法：除了强调挺膝外，主要通过侧手翻来改正。

（2）左脚蹬地无力，腾空不高。纠正方法：强调蹬地时踝、膝、髋迅速伸直，充分发挥蹬地的反作用力提高腾空高度。

4．旋子

动作说明：开步站立，身体右转，左脚离地，左臂前平举，右臂后下举；其次，左脚踏地，身体平俯向左甩腰摆动，同时两臂伸直随身向左摆动；紧接着左脚蹬地，身体悬空，两腿随身向左平旋；然后右脚先落地，左脚随之落地。

要求与要点：挺胸，抬头，身体成水平旋转，两腿要高过水平线。

练习步骤：

（1）以左腿为支撑，保持燕式平衡的姿势，原地向左旋转一周。

（2）在教师或同学的帮助下，体会动作要领。

（3）逐步减少帮助，脱离保护。

易犯错误和纠正方法：

（1）平旋时，空中造型做不出来。纠正方法：除了强调抬头、挺胸、背肌收缩等要领外，还可以通过俯卧做背弓（即两头翘）的练习来形成姿势定型。

（2）旋转速度慢，转度不够一周。纠正方法：可以通过原地向左后方平甩两臂的练习和增强燕式平衡旋转能力的练习来改正。

（3）腾空高度不高。纠正方法：强调上体前俯时不要压得过低，当蹬地时要积极抬头，腿向上翘。

持剑基本技法

练习剑术首先应掌握握剑方法。这是练习剑术的最基本动作，包括左手持剑、左手剑指和右手持剑等。

❖ 左手持剑

左手持剑常见于剑术演练中的起势，特点是握剑紧稳，不容易脱手，动作简单，适合初学者学练。动作方法是：

1. 手自然舒展，虎口对准剑的护手处。

2. 拇指由护手上方向下，中指、无名指和小指由护手下方向上，握住护手，食指伸直，贴于剑把之上，剑身平贴于左前臂后侧。

❖ 左手剑指

左手剑指的动作方法：

不持剑的手要捏成“剑指”，食指、中指并拢伸直，其他三指屈握掌心，大拇指扣压在无名指、小指前端骨节和指甲上。

❖ 右手持剑

除了预备动作和起势外，一般均为右手持剑，包括直握、平握、

钳握、提握和反握等。

1．直握的动作方法：右手五指呈螺形卷握。

2．平握的动作方法：右手五指平卷握剑。

3．钳握的动作方法：右手拇指、食指和虎口呈钳形，中指、无名指和小指自然附于剑柄。

4．提握的动作方法：右手腕关节屈提，拇指、食指下压，中指、无名指和小指上勾。

5．反握的动作方法：右臂内旋，手心向外，拇指支于剑柄下方，中指、无名指和小指下勾压。

❖ 基本身形与身法

步形、步法与身形、身法协调配合，才能做到动作灵活统一，更加有“神”。

身形包括头颈、肩肘、胸背、腰脊和臀、胯、膝等动作。

头颈的动作方法是：头正颈直，下颌略收。

肩肘的动作方法是：沉肩坠肘，不可耸肩，肘不可外翻扬起。

胸背的动作方法是：胸部舒松，略含，但不生硬内收，背部舒展，不可弓背。

腰脊的动作方法是：脊要正直，腰要松活自然，运转灵活，不要前挺或后弓。

臀、胯、膝的动作方法是：松胯敛臀，膝部伸屈，柔和自然。

身法常见于剑术演练中，特点是端正自然，不偏不倚，舒展大方，旋转松活，不可僵滞浮软，忽起忽落。其动作要以腰为轴带动四肢，上下相随，连贯完整。

❖ 基本剑法

剑术的基本剑法常见于剑术套路演练中，包括点剑、刺剑、扫剑、带剑、劈剑、抽剑、截剑、撩剑、拦剑、托剑（架剑）、挂剑、崩剑和抹剑等。

1．点剑

点剑常见于剑术套路演练中，为点击进攻性剑法，动作特点简单易学。

动作方法是：立剑提腕，使剑尖由上向前下点啄，臂自然伸直，力达剑刃前端下锋。

2．刺剑

刺剑常见于剑术套路演练中，为正面进攻性剑法，动作特点简单易学。动作方法如下：

（1）立剑或平剑，向前直出为刺，力达剑尖；

（2）臂由屈而伸，与剑呈一直线；

（3）剑刃向左、向右为平刺剑，剑刃向上、向下为立刺剑，平刺剑高与肩平。

3．扫剑

扫剑常见于剑术套路演练中，为侧向进攻性剑法，动作特点简单易学。动作方法如下：

平剑，向左、向右剑呈一直线，力达剑刃。

4. 带剑

带剑常见于剑术套路演练中，为斜方向攻击性剑法，动作特点简单易学。动作方法是：平剑，由前向侧后方抽回，力点在剑刃滑动。

5. 劈剑

劈剑常见于剑术套路演练中，为从上向下攻击性剑法，动作特点简单易学。动作方法如下：

（1）立剑，自上而下用力，力点在剑身下刃，臂与剑呈一直线；

（2）抡劈剑是将剑抡一个立圆，然后向前下劈。

6. 抽剑

抽剑常见于剑术套路演练中，为防守性剑法，动作特点简单易学。动作方法是：立剑，由前向后上方、后下方抽回，力点沿剑刃滑动。

7. 截剑

截剑常见于剑术套路演练中，为斜向防守性剑法，动作特点简单易学。动作方法是：立剑或平剑斜切，阻截对方，力在剑刃。

8. 撩剑

撩剑常见于剑术套路演练中，为从下至上进攻性剑法，动作特点简单易学。动作方法如下：

（1）立剑，由下向前上方撩出，力点在剑身前部为撩；

（2）前臂外旋，由左下向右前上方，手心向上，贴身弧形撩出，为正撩剑；

（3）前臂内旋，由右下向左前上方贴身弧形撩出，为反撩剑。

9. 拦剑

拦剑常见于剑术套路演练中，为防守性剑法，动作特点简单易学。动作方法如下：

（1）立剑，斜向前下方托架，力点在剑刃中后部；

（2）左拦剑、立剑，臂内旋，由左下向右前方斜出，腕与头平，剑尖朝左前下，力达剑刃；

（3）右拦剑、立剑，臂外旋，由右下向左前方斜出，剑尖朝右前下，其他与左拦剑同。

10. 托剑（架剑）

托剑常见于剑术套路演练中，为从下到上防守性剑法，动作特点简单易学。动作方法是：立剑，向上托举，高过头部，力达剑刃，手心朝外。

11. 挂剑

挂剑常见于剑术套路演练中，为进攻性剑法，动作特点简单易学。动作方法是：剑尖后勾，立剑由前向后上方、后下方格开对方进攻，力点在剑身平面。

12. 崩剑

崩剑常见于剑术套路演练中，为进攻性剑法，动作特点简单易学。动作方法是：立剑，沉腕，使剑尖向上，发力于腕，力达剑锋。

13. 抹剑

抹剑常见于剑术套路演练中，为防守性剑法，动作特点简单易学。动作方法如下：

（1）平剑，从一侧经前弧形向另一侧回抽为抹，剑尖朝异侧前方，力达剑身；

（2）力点顺剑刃滑动。

剑术的练习方法

剑术的套路训练，大致可以分为基础训练、组合训练、分段训练和全套训练 4 个阶段。

❖ 基础训练

剑术在身法上讲究翻转拧裹，吞吐沉浮，大开大合，要求通过腰身的拧裹翻转，带动剑法撩挽云扫，因此平时要注意加强拧腰、转腰及翻腰等基础动作的训练。

剑术在眼法上讲究左顾右盼，瞻前顾后，眼随剑走，顾盼轻灵。其眼神训练方法有“松溪美目功”。

❖ 组合训练

基本剑法熟练后，即可进入组合剑法的练习。所谓组合练习，就是将套路中的一些具有代表性的难度较大的剑术组合提出来反复单练，这样可迅速掌握技术要领，提高动作质量。但许多初学者往往爱把精力花在套路的习练上，花了不少时间，流了不少汗，且收效甚微。当然，我们也不是不主张练习套路，只是整套训练应在练好组合，练好分段的基础上，这样才能收到事半功倍的效果。

❖ 分段训练

组合熟练后，即可进入分段训练。分段训练是按套路顺序逐段练习，一般来讲，每段应至少练习 3 遍，熟练后可将整个套路分为 3 个大段或 2 个大段练习，最后再过渡到整套练习。

❖ 全套训练

从我个人的经验看，平时应多加强重点组合和分段的练习，而在比赛和表演前，则应以整套训练为主。整套练习时，要特别注意在动作的节奏上下功夫，哪些地方该缓，哪些地方该急；哪些地方该收，哪些地方该放；哪些地方该刚，哪些地方该柔。久之，则可达到缓急得当，收放相宜，刚柔相济，形神圆活顺畅，行云流水的境地。

练习剑术除勤学苦练外，还要多看多悟。常言道：“观千剑而后

能剑。”只有多看，才能不断丰富自己。中华武术博大精深，林林总总，各门各派的剑术都有其独到之处。要想成为一位剑术高手，就应该不断吸取别人的长处。再一点就是多悟。所谓悟，就是对所学东西进行归纳分析，从中找出有规律性和代表性的东西，这比不动脑筋的盲目蛮练要好得多，可以少走弯路。

最后一点就是持之以恒，要想练好剑术，没有三五年工夫是不行的。古人云："十年磨一剑。”一旦确立了目标，就要像吃饭睡觉一样把它作为生活的一部分，不能三天打鱼两天晒网，更不能见异思迁，一曝十寒。只要方法对头，持之以恒，三年可以小成，十年可以大成。当然，要立志成为一位出类拔萃的剑术高手，非得穷其毕生精力不可。

第六章

太极剑

太极剑的特点

太极剑属于太极拳门派中的剑术，兼有太极拳和剑术二者的风格特点。

太极拳是中国古老的武术拳种，具有心静体松、柔和连贯、动中求静、重意不重力等运动特点，并有很高的健身、攻防、体育医疗价值。其内容除有拳术基本功和套路之外，还包括刀、剑、枪、杆等器械和双人粘连黏随的对抗性推手运动。近百年来，随着太极拳的发展，形成了不少流派，国家体育部门还编订了很多新的规范教材和竞赛规定套路，从而使太极拳运动内容大为丰富，有力地推动了太极拳的普及和提高。

作为太极拳系列重要组成部分的太极剑，其历史晚于太极拳术和推手运动。目前流行的各式太极剑，内容各异，取材不一，不似拳术和推手那样，各家具有明显的一脉相传的痕迹。这是由于各式太极剑的产生在古代剑术的基础上，分别吸收了宣化剑、乾坤剑、三才剑等剑术内容，改造发展而形成的。太极剑以它的特有魅力和风采，深受广大太极拳爱好者喜爱，开展程度远比太极剑、枪、杆等器械广泛，不仅普及国内城乡，在海外也广为流传，而且已被列为全国武术比赛的正式竞赛项目。

虽然各式太极剑内容、风格不同，但却具有以下共同的运动特点：

❖ 神舒体静，内外相合

太极剑与太极拳一样，具有心静体松、神态自然、以意运身、重意不重力的特点。在姿势形态上要求立身中正安舒，悬头竖颈，沉肩坠肘，含胸拔背，松腰敛臀。在动作中，要求意念引导，精神集中，动中求静，气沉丹田，呼吸自然，并与动作相配合。

❖ 轻灵沉着，刚柔相济

太极剑要求迈步如猫行，运劲如抽丝。在意念引导下，强调劲力的内在表现，含而不露，柔中寓刚，轻而不浮，沉而不僵，在轻稳柔和中显示信心和实力。一些太极剑也有明显的发力、加速和跳跃等动作。做这些动作也要刚中有柔，腰腿发力，松活弹抖，转接柔顺，避免生硬发力。

❖ 连贯圆活，绵绵不断

太极剑运动如浮云行空，细水微澜。动作连绵柔缓、节奏平稳、运转圆活，寓动于静，其风格与动静分明、节奏强烈，与富于阳刚之美的剑术迥然不同。

❖ 剑法清晰，身剑协调

太极剑与一切剑术相同，要求剑法清楚，力点准确，动作规范，表现出各种剑法的攻防含义。不仅如此，它还要求具备造型优美、潇洒飘逸、蓄发相间、虚实分明、剑势多变等特色。演练中，做到身与剑合，剑与神合，精神、肢体和剑法融成一个协调的整体，才能体现太极剑的真谛。

太极剑学练要领

❖ 四法熟练，打好基础

武术中拳术是器械的基础。武术家常把手法、步法、身法、眼法称为剑术练习“四要”，只有“四要”熟练贯通，才能与剑法相合，做到手、眼、身、法、步完整统一。

手法：指上肢的运转，是表现剑法的直接环节。一切剑法的变招换势都要求手法松顺灵活，路线准确，力点分明，同时表现出沉肩、虚腋、垂肘、活腕等太极拳要领。在剑术练习中，剑指的运用具有十分重要的作用。它可以助势助力，维持平衡，提高造型的美感和稳定性，且不可忽视。

步法：是练好剑术的基础。剑术的起落、进退、走转、平衡、跳跃都有赖于步法的灵活、桩步的稳固和腿法的柔韧。

身法：是练好剑术的关键。各种剑法的表现和变化，劲力的蓄发和开合，以及要将腰背之力贯达剑锋，全赖于身法的运用。尤其是在拧转、俯仰、屈伸等身法变化中保持中正舒展，斜中寓正，要有扎实的身法、身型训练做保证。

眼法：是表达神意的窗口，是观变、应变的先行，又是意领神聚、宁静自然、从容大度的体现。只有意到、眼到、手到、剑到，眼法与剑法紧密配合，才能表现出太极剑以意领剑、势动身随的神韵。

要打好手、步、身、眼四法基础，必须从武术基本功和拳术基础训练抓起。“练拳不练功，到老一场空”，对于太极剑练习来说也是一种警训和忠告。

❖ 勤思苦练，循序渐进

初学太极剑，一招一式要力求准确，符合规范，打好基础，循序渐进。切不可贪多求速、不求甚解，造成“学拳容易改拳难”的局面。老一辈武术家在太极剑教学中，常常坚持先练内勇、次练外功、后练剑法等步骤。内勇，指精神、意志、品德等方面的修养，并把这些作为择徒授艺的首要条件；外功，指身体素质和武术基本功的

武

训练，打好体力、体能和武术专项素质的基础，在精神上、物质上做好准备，最后才着重剑术练习。实践证明，这种严谨的教学态度和方法，是培养高水平技艺和人才的必由之路。

一切有志于探索太极剑真谛的人都要坚持勤思苦练的学习精神。勤思就是善于动脑，善于学习，不断提高悟性，及时总结经验，汲取他人之长，补己之短，探索和把握太极剑的规律。苦练就是反复实践，持之以恒，具有活到老、学到老、练到老，不断进取、精益求精的精神，切不可满足于已得的成绩，故步自封，裹足不前。

❖ 形意兼备，内外相合

太极剑是以意气为主导的剑术，但绝不等于其形体和剑法无关紧要，可以随意发挥，失去规矩。实际上，意念的引导，气力的结合，正是为了保证剑法的准确和神韵，促进动作的协调自然和劲力的完整顺达。例如，定势时有意识地沉气、呼气，能使桩步稳定，气势饱满，劲力充实；在蓄劲引力和平衡、转折时，主动地吸气提气，能使动作轻灵和顺，蓄力充盈，发力完整。矛盾双方的对立和统一是一切事物运动的规律，机械地片面地强调形体或意气都是错误的。不同的人，不同的阶段，某一方面可能是主要矛盾，成为训练中的关键环节，但不等于可以忽视另一方面的存在。有的人仅仅强调太极剑柔和平稳的一面，而不懂得静中寓动、不变中寓变的辩证道理，从而把太极剑练得死气沉沉，毫无生气，失去了武术虚实相兼、刚柔相济和太极拳“阴阳相济，方为懂劲”的精髓。

❖ 继承发展，百花齐放

一切优秀民族文化遗产，都是在继承和发展的基础上发扬光大的。近代的太极剑积累了几代人的智慧成果，它的技法和经验是不断继承、不断发展的结果。不尊重和继承前人的经验是否定民族文化遗产的表现，当然也就谈不上学习和发展。但是仅限于继承，把前人的经验和师训当作一成不变的教条，生硬模仿，则会阻碍事物的发展，难以创造出太极剑的更高水平和个性特点，这种态度实质上也是对前辈心血的否定。

在继承发展武术遗产的过程中，我们提倡相互尊重，取长补短，一专多能，百花齐放。我们不仅要继承发扬本门派、本师承的优秀遗产，也要善于发现和学习其他门派、其他师承的宝贵经验和技艺，坚持虚心学习，兼收并蓄，不断开拓进取，完善自我。这既是一个人的武德表现，也是提高太极剑修养的必由之路。

太极剑的健身作用

“详推用意终何在？延年益寿不老春。”这句话突出强调了太极拳的养生健身功能。大量的事实和科学实验充分证明，作为太极拳重要器械的太极剑，也同样是一项对身心十分有益的健身活动。

太极剑的健身作用，主要决定于它独特的技术要求和特有的运动形式。太极剑在练习过程中,注重的是“内”与“外”的整体修炼。它既要遵循太极拳运动中“心静体松、身法中正、连贯圆活、刚柔相济、呼吸自然”等要求，又要按照剑术自身的规律进行演练。长期坚持正确的练习方法，必能以气运身，以意运剑，意先身后，身随剑起，达到一种身与剑合、剑与意合的境界。因此，通过太极剑的练习，对外能利关节，强筋骨，壮体魄；对内能理脏腑，通经脉，调精神，使身体得到全面锻炼。

❖ 意在健身，强心健脑

这是太极剑运动对大脑神经的作用。

我们已经知道太极拳术首重用意，其健身机理就在于用意导动，使大脑兴奋与抑制作用有序加强，从而健脑益智。修炼太极拳入静是关键，但许多练拳者常感难以入静。太极剑运动由于多了一把剑在手中，无形中很容易将意识集中到剑上，以剑念代万念，比较容易排除外界干扰，消除杂念，使大脑神经系统自我控制力加强，提高了大脑兴奋与抑制平衡的稳定性，消除大脑皮层病理兴奋灶，增强中枢神经系统功能，从而取得良好的健脑效果。

❖ 以腰带剑，血畅肾壮

这是太极剑运动对血液循环、内脏、消化系统的作用。

太极拳有“腰为主宰”“丹田内转”“两肾抽提”等技术要求。太极剑运动也要求辗转攻防，皆以腰腿为主，意气为辅。剑如手臂的延续，剑动则臂动，劲由腰发，贯穿以达剑尖。这在一定程度上使腰部的运动加强。在腰两侧有肾脏，肾被称为先天之本，对此部位的练习能有效地促进肾脏运动，增精延年。对腹部的运动，有人称内动，通过两肾抽提，丹田鼓荡，肌肉的有节律舒张，使下腔静脉回心血加速，促进血液循环，对肝脏、胃肠运动起促进作用，提高了胃肠的蠕动、消化和吸收能力，改善体内代谢循环，增进食欲，提高健康水平。

❖ 气贯剑身，通气理肺

这是太极剑运动对人体呼吸系统的作用。

太极剑走势运剑，都要求透三关，力达剑尖，即传统说法的“气贯剑身”“以姿势助呼吸”。太极剑运动的基本特点就在于贵慢柔而养

气，慢柔形于外，养气蕴于内。太极剑的呼吸方式，是以腹式呼吸为主，用横膈膜的升降来带动呼吸。这一方面是为了不致因胸廓起伏太大而使血气上涌，也不致使重心过于上升而有失下盘的稳定；另一方面，通过横膈膜的升降活动，促使肺部和腹部有规律地收缩和舒张，逐渐形成内气鼓荡，从而对心肺产生良好的医疗保健作用。正像祖国医学中提到的“用心意集中于丹田内，先吸后呼，一吸百脉皆合，一呼百脉皆开，呼吸往来百脉皆通，气血畅通百病皆除”。

❖ 剑走旋翻，通经活络

这是太极剑运动对经络气血系统的作用。

太极剑具有极其丰富的剑法变化，特别是绞剑、挽（剪撩腕花）剑、云剑、穿剑等方法，都需要全身协调配合，手臂内外旋转，加上剑走弧形，讲究运圈，这样加强了旋腰转脊、旋踝转腕、旋胯转膝的运动，使肌纤维、韧带关节处于反复的旋转运动中，促进经络气血的运行，使气血流转贯注于四肢，达到了固本荣枝的目的。太极剑运动健身祛病的原理，可以说是通过外动与内动，使丹田之气受鼓荡，推动奇经八脉中的任、督、冲、带四脉，进而调节人体十二经的气血，使人体内部增蓄精气，疏通经络，扶正祛邪，最终达到“阴平阳秘，精神乃治”“祛病健身，抗老益寿”的功效。

❖ 剑走美式，陶情养性

这是太极剑运动对精神、性情、修养方面的作用。

剑为百兵之君。自古就有“文人佩剑，武人佩刀”“刀如猛虎，剑似飞凤”之类说法。许多文人墨客对剑都情有独钟：李白“十五好剑术，三十成文章”；王维“读书复骑射，带剑游淮阴”；杜甫平

生以剑为侣，“酒阑插剑肝胆露”“拔剑或与蛟龙争”。他们不仅为一代文豪诗圣，而且也是“起舞拂长剑，四座皆扬眉”的剑术高手。这证明了剑术不仅在技击方面有独到之处，而且在陶冶性情、修身养性方面也有特殊的感染力。

太极剑运动要求心静体松、圆活连贯、呼吸自然、剑法清晰，在柔和缓慢中人剑合一，尽显典雅潇洒之美。长期练习太极剑，可以深刻体悟其中内涵，对修身养性产生积极影响，养成胸怀宽广、大度谦让、坚忍不拔、自强不息、厚德载物等良好品格，促进形成健康的心态。

太极剑基本功及剑法

❖ 持剑方法

要练好太极剑，就要正确掌握好剑法，而剑法是通过持剑手来实现的，所以必须注意持剑的方法，许多剑法都是在灵活的持剑控制下，才能做到准确有力，巧妙变化。持剑方法不正确，练习太极剑就会显得呆板僵硬。因此，只有了解灵活多变的持剑方法，才能

很好地反映出太极剑的风格特点。

太极剑的持剑方法，按持剑手不同可分为左手持剑法、右手持剑法 2 种；若按照握剑手型的变化，又可分为满把持剑法、螺把持剑法、钳把持剑法；根据太极阴阳之理，按照手心的朝向，还可分为中阴剑、中阳剑、少阴剑、少阳剑、太阴剑、太阳剑、老阴剑、老阳剑等。下面我们以左右手为分类标准，综合起来介绍各种主要的持剑方法。

1. 左手持剑法

左手持剑法常用于剑术套路的起势和收势。持剑时，左手臂内旋，手心朝后握住剑柄，掌心贴左剑格上，拇指扣住内侧剑格，中指、无名指和小指扣住外侧剑格，食指伸直贴于剑柄上，使剑身平面贴靠小臂，垂立于左臂后。

2. 右手持剑法

（1）握把方法

变化多端的剑术，主要是通过右手的灵活运用表现出来的。右手持剑法包括以下几种具体方式：

螺把持剑法：手握剑柄，虎口对剑上刃，食指、中指、无名指的第二指节上，以食指第二指节靠近剑格，腕关节微下屈。这种持剑方法又称为顺手剑、直握剑，一般适用于刺剑、点剑等。

满把持剑法：虎口正对剑格，五指如同立握拳环握剑柄，拇指屈压在食指的第二指节上，腕部挺直。这种持剑方法，一般适用于外托、下按、砍、架等。

如果手心对着自己胸部，叫里手剑；如果手背对自己胸部，手心向外，则是外手剑。

钳把持剑法：虎口靠近剑格，以食指、拇指和虎口的夹持之劲

将剑柄钳住，其余三指自然附于剑柄。在做剑花时，根据需要也可以使其余三指松开，这种持剑法比较灵活，适用于反刺、上云、穿、挂等。与钳把近似的还有刁把，区别是劲力集中于虎口处，将剑柄叼住，大拇指、食指、中指自然附于剑柄，无名指和小指基本离开剑柄。

垫把持剑法：基本同螺把持剑法，只是拇指环握，紧扣于剑柄，食指伸于护手上，其余三指屈握，食指不越过剑格扣指。

（2）把位名称

根据太极阴阳之理，按照手心的朝向，又可分出 8 种变化来。每一种持剑法，都可以以掌心方向为准区分出 8 种变化。

中阴剑：手心向左，剑体为立剑，也叫顺手正立剑。

少阴剑：手心向里转 45 度，剑体为斜刺向里与地面成 45 度（上刃向里，下刃向外），也叫顺手斜立剑。

太阴剑：手心转向下，掌心对地面，剑体为平剑，也叫俯手平剑。

老阴剑：手心继续转 45 度，手背斜朝下，虎口向左下，手心向右下，上刃向左下，前臂内旋，也叫俯手斜立剑。

中阳剑：翻转臂腕，手心向右，虎口向下，剑下刃向上，上刃向下，成翻手反立剑。

以上为逆时针转腕。实际练习不能继续转臂，需要换一次手把，变成顺时针转腕，故此时的中阳剑与中阴剑重合，也叫中阳中阴剑。

少阳剑：手心向上，手臂内旋 45 度，剑体成斜剑，也叫仰手斜立剑。

太阳剑：右手心向上，手背向下，虎口向右，剑体成平剑，也叫仰手平剑。

老阳剑：前臂继续外旋转 45 度，剑上刃向右下，下刃向左上，也叫翻手斜立剑。

3．双手持剑法

双手持剑又称为合把剑。持剑时，右手握剑柄前端，左手握在剑柄后部。这种合把握法在普及的太极剑运动中并不多见。但是，在传统的陈式、吴式等太极剑中有此握剑的方法，或者左手手心贴在右手手背上。

❖ 剑指

在剑术练习时，不持剑的手要捏成剑指，古称“剑诀”“戟指”。

1．剑指的形式

（1）开指式

又称开剑诀、屈指式。拇指屈扣于食指外侧，食指与中指伸直并拢，其余二指第二指节内扣，形如戟状。有人称此为剑法。开指式还有一种较为特殊的形式，即孙式太极剑的剑指是拇指外展。

（2）合指式

又称戟指、压剑诀、压指式。拇指压在无名指第一指节上，食指与中指伸直并拢，其余二指扣于掌心。传统太极剑还有一种拇指、无名指、小指指甲盖相扣不露的剑指，也称剑诀。

2．剑指的作用

剑指与握剑手的配合，可以增大持剑的腕力。如弓步挂劈时，抡剑向右下方劈，左剑指相应向左上方摆，以加大劈力。

引导剑路，增强剑势，借势助力，平衡优美，增强剑术的表现技巧和神采。

剑指前领，声东击西，可以迷惑对方视线，对方近身时乘机点击对方的穴道，或抢夺对方的器械。

❖ 持剑的六种基本功法

太极剑持剑基本功，重在练习运用剑的基本能力，以劲力为核心，关键是手腕灵活，剑手相粘，劲透剑体，以意运剑。这里我们只介绍常用的 6 种方法，读者也可以利用其他方法练习，不必拘泥一格。

1．持剑增劲功

两手或单手反持剑，两臂前平举，两脚开立，身体中正。或一手成剑指扶于持剑手腕，持剑手做刺剑状，保持臂平行于地，注意悬臂。

要点：保持桩势静立，呼吸深长，身体中正，也可以用手持哑铃等物代替剑。一般练习 5 ～ 10 分钟，如果是单手持剑，则要左右交替练习。

意气：意想手臂与剑融为一体，气行于剑，随意念变化劲贯于剑的不同部位，体会剑与手臂的相合，增加臂的静力性耐力。

2．摇剑松指功

开步站立，一手保持剑指状按胯旁，另一手持剑，使剑由前向后连续环转，注意把位由螺把到钳把的变化，放松手指及手腕。

要点：手指灵活，手腕松活，剑连续绕圆，也可以向里侧摇剑。一般练习 50 次左右，也可根据情况自己定。

意气：意想手指依次放松，松而不空，与剑始终相连。呼吸自然深长。

3．旋剑活腕功

反手持剑，开立步，先走剑柄。其在头上时，翻手心向上，向外旋腕，剑体走一个平圆，手心向上落于持剑手一侧。然后，再反向旋腕，变成手心向下，恢复持剑状。左右交替练习，一般 20 次为一组，练习 4 ～ 5

一组，练习 4 ～ 5 组，也可以自己根据情况定。

要点：主动旋腕，同时利用身体的转动，特别是腰的运动。剑不得触身，保持剑走平圆花。

意气：意想剑动是在腰身带动下的一种意气运动，不能单单是一种机械式的肢体运动，落剑呼气，起剑吸气。

4. 圈剑通动功

两脚开立，手成剑指扶于持剑手腕，持剑手手心向上，螺把握剑，通过手腕、肘肩及全身配合，使剑尖成圈形绕转，目视前方。

要点：剑身中间不动两头动，剑尖走出 30 厘米左右大的圈来，劲由脚上传于剑尖，也可以结合进退步练习。传统的练习是用剑尖顶住树干等练习，体会劲力贯通。一般练习 30 次左右。

意气：意想手上的圈是由脚蹬、丹田气内转而带动形成。呼吸自然，劲力通畅，逐渐增大内劲传递力。

5. 绕剑柔化功

侧立开步，一手叉腰，另一手持剑，通过腕及全身变化，使剑尖走出一个“8”字形，练习周身柔化劲。

要点：通过腕、肘、肩、腰及身体各部位变化，走出节节贯串、剑似蛇行的路线，充分柔化各个关节。出剑时呼气，过程中吸气调整。

意气：意想动剑先动身，动内再动外，通过内意引导各个关节依次而动，周身之气行于剑身，而且是“8”字形运行。

6. 抖剑发力功

两脚开立，一手成剑指，一手持剑，两臂向外划弧在体前交叉。然后，转身上下斜分，持剑手抖击而出。

要点：利用身体拧动，突然发力，抖动发力，力达剑的前端，发力短促松弹。一般 30 次为一组，练习 4 ～ 5 组。

意气：发力前意想胸中之气下沉，脊部成弧形，似一张开满的弓，身体放松合住劲，意识先松，突然转腰抖腰力传剑身，如脱扣之箭，一触即发，力集中于剑前端。

❖ 太极剑传统剑法与常用剑法

剑法是指剑器的运使方法。剑法是构成剑术套路的核心要素，由于太极剑吸收了传统剑术的精华，所以，彻底弄清楚剑法的来龙去脉是练好太极剑的基础。

1. 传统十三剑法

太极拳拳理源于《周易》的五行八卦，合五行八卦之数，传统太极拳、太极剑都讲究十三法。太极拳十三法为掤、捋、挤、按、采、挒、肘、靠、进、退、顾、盼、定；太极剑十三法为抽、带、提、格、击、刺、点、崩、搅、压、劈、截、洗。十三剑法贯穿于太极剑始终，也有人认为太极十三剑是根据剑术技击本源八法即刺、撩、斩、崩、劈、钩、提、抹，发展为豁、掠、扑、云、钻、刺、撩、斩、崩、劈、钩、提、抹等13个运用方法。其实，这里在对剑法的称呼上有所出入，而实际剑法大同小异，前者是较为普遍传统的说法。当然，剑法远不止这几种，对剑法的称谓也多种多样。但是最为基本的剑法有抽、带、提、格、击、刺、点、崩、搅、压、劈、截、洗13种剑法，这是剑法的核心，也是太极剑的本质内容。所以，学练太极剑应该首先学习传统十三剑法。现将传统十三剑法简单介绍如下：

（1）抽剑

抽剑含义：抽字本意指从事物中提出部分。太极剑中取其拉拔之意，套路动作多表现为势如抽丝之状，技击实用时，多表现为用鞭抽打牲畜那样，快速发力。

动作做法：基本做法是持剑手心向下，手背向上，剑身平直，剑尖在前，呈阴手剑（亦称太阴剑），臂由伸直状态向怀中撤回，剑刃由前向后滑动为抽法。传统剑法中,有阴手（手心向下）为抽之说，也有向左回撤称抽之讲。现在，还有人称立剑由前向后上方或后下方收回，力点沿剑刃滑动也称之为抽，如 32 式太极剑中“怀中抱月”的剑法。抽剑多用满把。

技击用法：按抽击对方手腕时，握剑在对方手腕的空间位置，可分为上抽、下抽；按抽击对方身体的部位，又分为抽腕、抽腰、抽腿、抽踝等。

下抽：甲方持剑刺来，乙方用阴把抽剑，即剑尖向前，在甲方腕之下，顺势割其腕部，同时，左剑指做半圆形置左额角前上方。

上抽：甲方持剑刺来，乙用阴把抽剑，即剑尖向前，在甲方腕之上抽拉，左剑指随右手而行。

抽腰:甲方持剑刺来，乙后撤闪身让过对方之剑，阴把抽击其腰。

抽腿：甲方持剑提膝下刺乙方手腕，乙方侧上一步成右弓步，闪过其剑，用阴把抽剑抽击其腿，左剑指随右手而行。

要点：劲沿剑刃由前向后滑动力达剑身下刃，太极剑套路演练时抽剑要做到稳、匀、沉、绵。在实战练习时，抽剑则要根据情况有“动急则急应”的练习过程，但要注意太极剑的劲力特点，特别是快速中的粘连黏随，实属不易。

（2）带剑

带剑含义：带字本意有引领之意。太极剑中指顺势往回拉抽。

动作做法：持剑使平剑或立剑，由前向侧后推拉回引为带。平剑为平带，即带剑手心向上，手背向下（为阳手剑），剑尖向前，由前向后方带，力达剑刃中部。立剑为直带，以右手持剑为例，持剑

手拇指向左侧，虎口向上，手心向左，由前向后直拉沉腕带回。直带也称抽。另外，还有右抽为带之说，阳手（手心向上）为带之称。也有人认为抽和带同意，其实仔细分析，有点细微区别，带的劲力特点是先前推再后拉。带剑多用螺把。

技击用法：带剑的技击用法主要是攻击对方手腕。

后坐直带：甲方持剑劈来，乙方采用顺把剑（中阴手）持剑，使剑尖向前在甲方腕之下，身体略向后坐成右虚步，顺势回带（兼崩势）其腕。此剑法可以破甲方上来贯耳击顶之剑,左剑指扶于剑柄。

闪身直带：甲方持剑劈来，乙方右手满把持剑，剑尖向前在甲方腕之下，顺势身体后撤闪身，使剑由下向上，直带甲方手腕。

先带后抽：甲方持剑刺来，乙方用太阳剑握法采用阳剑圈先向左侧带，即乙方手心向上，手背向下，剑尖向前，在甲方手腕下往

左前方推带。如果甲方躲过乙方带剑，上步继续前刺，乙方则迅速退右步，身体后坐，手心翻向下变成阴手剑，用剑尖在甲方腕下向右回抽，左剑指随右手而行。

先刺后带：乙方上右脚盖步成交叉步前刺甲方手腕，剑尖在腕上，接着再上左脚成左弓步，剑自右向左往后抹带，断甲方手腕，左剑指随右手而行。

带剑刺喉：甲方刺剑，乙方剑尖指向甲方喉，黏住甲方剑，身后坐，成右虚步，向右侧后带回，待甲向回撤剑时，趁势右脚上一步成右弓步，刺甲方喉，左剑指扶右手而行，体现太极剑黏随的技击特点。

要点：带剑要利用身体的整劲，做到沉、黏、连。

（3）提剑

提剑含义："提"字本意有垂手向上挈领之意。太极剑中取其提物上升之状。

动作做法：持剑手心向外，屈腕抬肘，立剑，剑尖垂下，由下向上将剑拎起为提。根据前臂的旋向及左右方位，可以分为倒提剑、左上提剑、右上提剑；根据上体与腿脚的关系即身法的前后，可分为前提、后提。提剑多用钳把。

技击用法：在应用中有前提、后提二法。

下刺前提：乙方手腕向上采用老阴把握剑，剑尖向甲手腕下刺，迅速如提物向上提击甲腕部，如乙方主动进攻时，前腿多是前弓，前脚为实。若是防守时，多是后坐，前脚为虚，左手剑指做半圆形撑开，以助剑的提力。

拧身后提：甲方进左步下刺乙方手腕时，乙方撤右步，身体右后拧身为后提式，右脚实，左脚虚，左手扶助右手，向后而行。

要点：提剑要手心空，手腕活，做到轻、灵、顺、柔，有人认

为提剑没有攻防含义，值得商榷。

（4）格剑

格剑含义：“格”字的意思是阻碍，拦击。太极剑中取其势，是格挡来械的进击。

动作做法：基本做法是持剑时，剑尖向下或向上，剑刃向外，以剑脊后端近护手为力点，弧形摆动为格。按持剑手心方向划分，持剑手心向里左右横摆为内格，持剑手心向外左右摆为外格；按顺逆把位，又分为顺把手心向左，自下而上挑格为下格，逆把手心向右，格挡来械为上格。还有人称用剑尖或剑前端挑开对手来器为格，左挑为左格，右挑为右格。格剑多用螺把和满把。

技击用法：常用方法有下格与上格二法。

上格：甲方刺剑乙方胸部，乙方中阴剑，身体偏向右闪身，成右弓步，斜势由下向上格对方之剑并击其腕，左手剑指做半圆形撑开。

下格：也称反格。甲方进左脚成拗步带剑抽击乙方腰肋，乙方退步成虚步反格甲剑。

格腕带腰：甲方进右脚成顺步向乙方腰部带剑腰时，乙方前脚进步反格。乙方也可以后坐成虚步格剑，左剑指做半圆形撑开以助剑力。

要点：格剑要身法虚灵，手法圆活，主要用剑脊后部，劲力浑厚饱满。

（5）击剑

击剑含义：“击”字之意，好似以石投物的状态。太极剑中取其形势，如敲钟击磬一般。

动作做法：剑尖向前，或左或右横出，力达剑尖或剑刃前端为击。可以上下点击、左右平击、直击、横击、斜击、挑击、撩击、抹击等法。

击剑多用满把和螺把。

技击用法:击的技击方法非常广泛，如横击，有拦腰取敌等动作；斜击，有斜下砍敌脚等动作;挑击，有下挑敌腕等动作;抹击，有抹喉、抹腹等动作；撩击，有撩阴部、腹部、喉部等动作。

左击：甲方直刺乙方，乙方少阳握剑即手腕向上，前脚点地成右虚步，平剑横击甲方手腕，如击磬之势，左剑指向后撑。

右击：甲方刺剑，乙方手心向下向右平击。

压剑击耳：甲方压按乙方剑，乙方顺势化开反击甲耳。

击腕：甲方刺剑，乙方向下扣腕击。

反击腕：甲方刺剑，乙方侧闪翻腕下击甲腕。

要点：击剑手腕的转动要敏捷，发力短促抖腕。

（6）刺剑

刺剑含义："刺"字之意是尖戳的状态。太极剑中取其势，即以剑锋直入人体之内。

动作做法：立剑或平剑，剑尖在前；力达剑尖，剑身与臂成一直线直出称为刺。根据位置高低分上刺（剑尖与头平）、平刺（剑尖与肩平）、下刺（剑尖与膝平）、低刺（剑尖与踝平）；根据剑身的方位刺有立刺、平刺。其他还有反腕刺、独立刺、探刺、后刺等多种刺法。刺剑多用满把和螺把。

技击用法：刺是剑的主要技击方法之一。

立刺：甲方弓步直刺，乙方可用抽腕防守，随即立剑前刺，即抽腕刺式。

独立刺：乙方提膝刺胸。

翻腕刺：甲方直刺，乙方翻腕刺。

平刺:与立刺（有的称侧刺）同,唯剑身扁平向前刺,甲弓步平刺,

乙同样用平刺戳其腕，称对平刺。

要点：刺以剑锋直戳为主，要迅猛透彻，劲运剑尖，意透剑锋。

（7）点剑

点剑含义："点"字之意是触及物体立即离开，其势如蜻蜓点水，小鸡啄米。太极剑中取其势，剑尖由上向下点击。

动作做法：持剑手提腕，立剑（也有用平剑），用剑尖向下啄出为点。点剑前要充分利用反向力，体现出欲上先下、欲下先上的思想，如杨式太极剑中"等鱼式"。点剑多用螺把。

技击用法：以掌腕之力，使剑尖突然直下点击敌腕，如点腕：甲方盖步绕身翻腕击乙腕，乙方右虚步略闪，以腕掌之力，提腕使剑尖往下直点对方腕，左剑指做半圆形侧举。

要点：点剑时，手臂不动，突然提腕，发力短促刚劲。太极剑套路练习中的点剑，通常也不明显发力。

（8）崩剑

崩剑含义："崩"字之意似突然爆炸状，其势如鹊雀一叫，尾巴一翘的样子。太极剑中取其意，剑尖突然崩击。

动作做法：持剑手屈腕上翘，立剑，剑尖由下而上，力达剑尖为崩。传统剑术中称垂锋下击为点，挑锋上击为崩。崩剑与点剑正好运动方向相反。崩剑有正、反二法。所谓正崩，是用顺把剑使剑身不动，以腕力向上挑崩，如鹊雀翘尾之势直挑敌腕，同时，左剑指扶右腕，步型用右弓式。所谓反崩，是用逆把剑，虎口向下握剑，配合"倒插步"（或坐盘式）完成。崩剑多用满把。

技击用法：崩的基本用法有正崩和反崩二法。

正崩：甲方下刺剑，乙方中阴握剑，身臂皆不动，沉腕，斜步闪身，使剑尖向上直挑对方腕，左剑指扶于右手剑柄。

反崩：甲方下刺剑，乙方向后盖步闪开，同时由下向上，反手崩对方之腕。

要点：利用身体突然下坐的整体劲力，沉臂屈腕，劲运剑尖。

（9）劈剑

劈剑含义："劈"字的意思有如用斧子砍木头，其势以刃口由上而下将物劈开。太极剑中取其势，剑刃劈击。

动作做法：持剑手挥臂，立剑由上而下，力达剑下刃，臂与剑成一直线砍下为劈。根据劈击路线可以分为前劈、后劈、斜劈、抡劈等。劈剑多用螺把。

技击用法：劈基本用法持中阴剑，上步向前直劈，如劈头：乙方上步挥臂向甲方头部下劈，左剑指做半圆形撑开，甲方上架。

要点：劈势发力在剑身垂直地面时，利用剑体下落惯性和挥臂以及身体下沉力量劈下，不能死砍硬剁，劲运剑前下刃。

（10）截剑

截剑含义："截"字的意思是割断，其势如拉锯断木。太极剑中取其阻断之意。

动作做法：持剑手以立剑或斜剑使剑刃斜向上或斜向下，由左向右，或由右向左着力，力达剑身前部为截。根据方位分为平截、左截、右截、反截。截剑多用满把与螺把。

技击用法：截剑有多种用法，具体如下。

平截：甲方刺剑，乙方用中阴剑上前截对方之腕。

左截：甲方刺剑，乙方身体偏右闪躲，向左方截对方腕。

右截：甲方刺剑，乙方向左方以剑回截甲方之右腕。

反截：即反截腕，乙方身体偏左闪躲，由上向下截甲方之右腕。

要点：劲运前刃，握把松紧适度。

（11）搅剑

搅剑含义："搅"字之意像是搅拌粥锅。太极剑中取其势，以剑锋画圆圈。

动作做法：持剑手以肩、肘、腕等关节为轴心，以剑身二分之一处为圆心，使剑身成圆锥形搅动。可以变化出各种缠法和直径不同的剑圈。搅剑有横搅、直搅二法。搅剑多用螺把。

技击用法：搅剑可螺旋形前进或后退，以剑尖攻击敌手腕四周为主。

横搅：两剑成90度直角状态的绞剑，多用在双方行走中伺机发动进攻，左右是虚实变化不定。

直搅：甲方阳手剑刺乙方时，乙方剑尖直对甲方手腕，左手扶助右手剑柄直进，即进步搅式。同时，甲方也可以用剑回搅乙方手腕。

要点：以腰带动肩、肘、腕，并以腕或肘或肩为轴画圈回环，或顺或逆，扭绞来械，劲力由剑身渐及剑尖，绞缠的剑圈要圆润无滞，属于防中寓攻的剑法，防不胜防。

（12）压剑

压剑含义："压"字的意思是覆盖，其势加以重量在上覆盖。太极剑中取其下压之意。

动作做法：持剑手心向下，手背向上平剑，用剑由上而下按为压剑。力达剑身，多用剑身中、后部。压剑多用满把。

技击用法：甲方刺剑，乙方阴剑与甲剑成直角式压甲方之剑，使其停滞而乙方乘机变化攻击之。压时乙方之剑尖稍向下垂，使甲方剑无可逃脱，左剑指做半圆形侧举。

要点：压剑用剑身的前刃或后刃向下挡压来械的动作。要利用身体下沉重量，做到沉稳粘连。

（13）洗剑

洗剑含义："洗"字的意思是用水冲洗，其势自上而下或自下而上，似用喷壶浇花状，又像搓揉衣物。太极剑中取其洗动之意。《武当剑术》中说："洗者，乃剑锋往来摩动也。"洗乃古剑法。

动作做法：洗是撩、带、抽、斩、扫等剑法总称。有运刃攻取对方轻拔巧取之意。古代剑法分为平洗、斜洗、上洗、下洗。有人称用剑尖向前移动平凿，力点在剑尖为洗。洗剑多用螺把。

技击用法：洗基本用法很多，如撩剑（剑由下而上为撩）：乙方中阳把持剑上右脚，成右弓步，由下向上撩甲下身，左剑指做半圆形侧举。

要点：洗时以腰运身，以身运臂，以虚柔之劲使来械顺滑卸化。撩的特点是动作幅度较大，大开大合，劲力虚柔，劲运前刃及剑锋剑尖。

2. 常用剑法

（1）撩剑

基本做法：立剑，由后向前上方或由前向后上方撩出，力达剑刃前部。

种类：按撩击方向分为前撩、后撩、正撩、反撩四法。

前撩：持中阳剑（虎口向下，手心向右，下刃向上，成反立剑），用剑下刃前端由下向前上，使下垂的剑尖用力向上掀起，挥臂攻击称为前撩。

后撩：剑沿身右侧经下向后撩出，反腕掌心向后上方为后撩。

正撩：前臂外旋用小指（反向虎口）一侧的剑刃前端，运臂使剑锋在身后由上向下做弧形，反腕用反立剑在身后，再由右下向上撩为正撩。

反撩：小臂外旋掌心向内，剑身贴近身体左侧，剑锋自上而下做弧形，反腕用反立剑在身前，由左下向上撩为反撩。通常称由右而上为正撩，由左而上为反撩。

按撩击高度分上撩、中撩、下撩，高过头顶者为上撩，高于胸者为中撩；低于小腹者为下撩。

要点：撩剑力发于腰臂，力达剑的前刃、中刃。

（2）挂剑

基本做法：立剑，剑尖贴身体由前向上、向右、向下、向后，屈肘屈腕，势如抄物为挂。

种类：按剑的运行方位分上挂、下挂、左挂、右挂、抡挂，内挂、外挂等。

右下挂：持中阴剑屈腕使剑尖和剑刃前部向下，向后贴身插挂，右臂外旋使剑从右大腿外侧向后插挂为右下挂。

左下挂：臂内旋使剑从左大腿外侧向后挂为左下挂。

内挂：剑身贴近左侧剑尖向下用朝向虎口一侧的剑刃由下向后、向上移动上挂回环为内挂。

外挂：剑尖向下在身体右侧用剑上刃由前往后挂为外挂。

抡挂：贴身两侧立圆挂一周为抡挂。

左挂多用满把，右挂多用压把，属防中寓攻剑法之一。

要点：着力点在剑刃力达剑身前部。

（3）推剑

基本做法：剑身竖直或横平，剑尖朝上或朝左右，由后向前或侧推出，力达剑身中部。

种类：

按剑体方向推分平推、立推。平推又分平前推、平侧推二法。

平推:剑身扁平,剑尖横向侧方用小指(反向虎口)一侧的剑下刃。由内向前为平前推，向侧平进为平侧推。

立推：立剑，剑尖向上为立推。

按推击高度分上推、中推、下推。剑尖向右或向左，剑下刃向前，高与肩齐为上推；高与腰平为中推；高与胯平为下推。

推剑多用满把，属攻防兼备剑法之一。

要点：推剑着力点在剑刃中端或后端。

（4）削剑

基本做法：一种是平剑，由左侧下方向另侧右上方斜出为削，力达剑前部。一种是立剑，剑刃靠近左肩或右肩外侧，从上向后、向下移动，剑尖朝后为削（有人也称偏膀）。

种类：按方向分前削、后削、左削、右削。左削多用螺把，右削多用刁把或钳把，属防攻性剑法之一。

要点：削剑时屈肘转腕，着力点在剑刃。

（5）云剑

基本做法：以持剑手的腕关节为轴，剑身平置，手举过头顶或头前正上方做外旋平圆绕环为云。

种类：按方位分云剑有上云、侧云。

上云：在头顶上由前向左后平圆绕环一周为上云，要仰头。

侧云：在头左或右侧上方绕环一周为侧云，要侧头。

要点：云剑时要仰头或侧头，实战中动作要迅速利落，手腕翻转要快，力达剑身前部。套路演练时一般较为柔和。

（6）扫剑

基本做法：平剑，剑身扁平，手心向上持太阳剑或手心向下持太阴剑，身体下蹲，臂微屈，剑尖向下与踝关节同高，在低处平行

向左或右横出移动为扫。

种类：按方位分内扫、外扫、旋转扫三法。

内扫：往左斜扫，画半弧形为内扫。

外扫：往右斜扫，由左至右成半弧形为外扫。

旋转扫：剑随身体旋转一周或一周以上。

扫剑多用螺把，属攻击剑法之一。

要点：扫是攻击动作。以腰部力量带动，劲连锋尖，力达剑身。

（7）架剑

基本做法：立剑，手心朝外由下向上方横架，力达剑身中部，侧高过头。主要用于防守对方攻击头部。

种类：以正架于头顶上方为架剑，多用满把。

要点：保持剑身平直，力点在剑的后刃。

（8）抹剑

基本做法：抹剑在旧剑法中也叫“摸”。平剑，剑尖向前斜方，高度在胸腹之间，由前向左或向右弧形滑动，从一侧经前弧形向另一侧回抽为抹。

种类：

按方位分左抹、右抹、旋转抹三法。旋转抹要求旋转一周或一周以上，也可用剑上下刃平压之力，往右后或左后撤剑下抹。

根据抹剑主要用法（抹击部位）分上内抹（内抹颈）、上外抹（抹颈）、中内抹、中外抹。

抹剑多用螺把或满把，属攻防兼备剑法之一。

要点：力达剑身，着力点由剑刃后端向前转移。

（9）拦剑

基本做法：立剑，剑尖下垂，由下斜向前上方托架为拦。

种类：

按方位分左拦、右拦、正拦三法。

左拦：前臂内旋，手心斜向下持少阴剑，贴身体左侧画弧绕至右肩平，剑尖斜向左前下为左拦。

右拦：前臂外旋，手心斜向上，持少阳剑，贴身体右侧画弧至左肩平，剑尖斜向右前下为右拦。

正拦：剑锋向上，剑下刃向左，在身体前由上向左下斜行，回环至剑下刃向右，剑尖下垂为正拦。

根据基本用法分外中拦、内中拦、外下拦、内下拦。

拦剑多用钳把和刁把，属攻防兼备剑法之一。

要点：发力于腰臂，力达剑身，动作走弧形，劲运中刃，力点在剑刃中、后部。

（10）抱剑

基本做法：右手持剑于胸前，左剑指或手心附于右手背一面，双手合于胸前为抱剑。

种类：按方位抱分横抱、平抱、立抱三法。

横抱：剑尖向前，剑身与身体平行为横抱。

平抱：剑尖向前，剑身与身体垂直为平抱。

立抱：剑尖向上为立抱。

抱剑多用满把，属防中寓攻剑法之一。

要点：两手合力，增强抱剑劲力。

（11）穿剑

基本做法：平剑或立剑，以剑尖为力点沿身体一侧或经腋下、胸腹间弧形穿出。

种类：按方位分前穿、后穿、抡穿三法。

前穿：平剑，剑尖经胸腹间弧形向前平穿为前穿。

后穿：前臂内旋平剑或立剑，随体转由前向体后方向直刺，为后穿。

抡穿：高不过膝，低不触地，剑尖向后，向左随转体贴身立圆绕环一周穿出为抡穿。

穿剑多用螺把和钳把，属技巧性攻击剑法之一。

要点：穿剑动作要敏捷，速度要均匀。剑身不触及身体，要求动作连贯协调，快速有力，力达剑尖。

（12）挽剑

基本做法：剑身绕腕部绕环。

种类：按绕转方向分剪腕花、撩腕花二法。

剪腕花：以持剑手腕为轴，立剑，转腕在身侧贴身近臂由前向下、向后回环为剪腕花。

撩腕花：同上，唯剑运动方向是由前向上、向后反向回环。

挽剑多用螺把和钳把，属攻防兼备剑法之一。

要点：两个绕环连贯，手腕松中有紧。

（13）挑剑

基本做法：由虎口向上持剑，将臂伸直，与剑成一条直线，立剑，用剑尖部分由下往上如针之挑剔刺状，袭击对手之手腕等关节处，谓之挑。力点集中剑之前部及中部。

种类：按挑击部位分挑腕、挑肘。

要点：挑的劲力集聚于剑尖，于流走飞动中跳击，具有突发性，与蹦有异曲同工之妙。

（14）挫剑

基本做法：剑身猛向前、向下斜行。

种类：按方位分上挫、内挫、外挫。

上挫：接上来劈剑时，用剑下刃平挫对方小臂，为上挫。

内挫：接平刺之剑时，闪身侧进对方身内侧，用剑下刃挫其小臂，为内挫。

外挫：接身体外侧刺来剑，向外闪身，用剑下刃立挫对方小臂，为外挫。

动作系守御势。一般挫不如截之敏捷，所以技击中并不多用。

要点：用力短促有来回拉动的挫劲。

（15）托剑

基本做法：剑身由下向上横行为托。

种类：

按方位分正托、斜托。

正托：持剑手手心向内，横剑向上过头顶托来械（下刃向上，剑尖向右，身往下蹲）谓之正托。

斜托：持剑手斜剑向上，剑尖过头顶托住来械（下刃向上，剑尖斜向右，闪身右斜）谓之斜托。

按手心朝向分内托、外托二法。

内托：上臂伸举，内旋，虎口向上，用剑身由下向上承架来械的动作，劲达剑的上刃。手心向内为内托。

外托：剑尖向右，手心向外斜剑向上，剑尖过头顶为外托，也称“架剑”。

托剑多用满把，属防中寓攻的剑法之一。

要点：托剑要求剑身平置，发力于臂，力在剑身。

太极剑中还有多种剑法，如披（持剑轻搭敷覆来械）、扎（持剑之臂内旋或外旋带有旋转的向各方向突刺动作）、剁（持正剑由上而

武

下的劈砍）、砍（持剑向斜下劈为砍）、刮（前臂先稍内旋后外旋，持剑由斜后向前或由上而下进行抄刮）、剪（剑锋由侧突向下击为剪）、抛（剑身向左向右平行为抛）、滚（剑身猛向上下左右换进为滚）、填（剑身挨近身体或左或右辗转为填）、冲（剑锋向前多向下扫为冲）、束（剑锋向前剑刃向上剑身连向后带为束）、刁（剑身倒置剑锋向左向右猛向后拉为刁）等。这些剑法在名称做法上有些差别，其中也有称谓上的不同，但实际上与前边讲的剑法相同，大家可以举一反三。

❖ 剑法要点

现代剑术中剑法十分丰富，名称并不完全统一，现根据基本剑

法的劲力规律和运行方向，进行简单分类，以帮助广大太极剑爱好者尽快掌握基本剑法。

1. 由上而下运行的剑法

主要包括劈、截、点等。这一类剑法劲力上主要通过以腰带臂，肩松臂活，以腕助力，劲贯剑体。

2. 由下而上运行的剑法

主要包括撩、反挂、反撩等。这类剑法劲力上与上面相同，唯用力方向相反。

3. 左右横向运行的剑法

主要包括抹、带、扫、云等。这类剑法劲力重在由柄端向剑尖一端传递滑动变化，运行轨迹多呈弧形。

4．左右斜向运行的剑法

主要有斜削、拦等。这类剑走斜向轨迹，劲力特点是充分利用身体拧叠展身，以身推剑，剑领身催，身剑相合。

5．前后屈伸运行的剑法

主要为刺剑。这类剑走直线，劲力特点是劲起于脚，由剑柄直透剑尖。

6．圆弧绞转运行的剑法

主要有挽花、绞剑、缠剑等。这类剑运行轨迹多呈圆锥形、螺旋形、回环形运动，劲力上，利用关节松活使剑身辗转，劲路呈螺旋运动。做好这类剑法的关键在于找好圆心点和手腕的松活。

太极剑剑法丰富，特点突出，初学者没有必要对所有剑法都精通，从大的方面掌握一些常用的基本剑法即可。待有了一定基础之后，再对每一种剑法细节精求也不迟。

第七章

剑术的表演与欣赏

剑术有着独特的表演价值与功能。剑术表演的方式和形式相当多，剑术表演通过高超娴熟的技艺和扣人心弦的搏斗技巧来体现中华民族的一种拼搏向上的民族精神。如果是比赛，运动员通过比赛表现的超群技能和素质也是一种优美的表演。剑术表演也可以有一定的寓意，带有故事情节和传统典故，加上形象的服装道具修饰的表演，不仅使观众通过观看获得相应的剑术专业知识，同时还可以在不同程度上获得传统文化知识和情感上的满足。近年来，也出现了不少顺应时代潮流需要的主题性表演。这种表演依托有主题需要的背景和音乐、服装道具和灯光，例如，为配合北京申奥而举行过的主题为“武魂颂”的大型武术表演。通过观看表演来加深了解、振奋民族精神和增强中华民族的自信心是一种极好的手段和方式。这种方式是其他任何体育运动所不能替代的。

怎样来欣赏剑术表演，也是一门学问。俗话说“内行看门道，外行看热闹”，不管是“看门道”还是“看热闹”，都是欣赏剑术表演的方式。对于剑术表演能够看出“门道”来的，大都是在有一定水平的感性和理性认识基础上的；而能看出“热闹”者，则都是一般水平上的满足于普通情感的欣赏。剑术表演的欣赏，和其他艺术欣赏相比有着相同的规律，即“欣赏无定法，触类可旁通”。这说明欣赏的方式方法是不相同的。每个观赏者可根据自己对于剑术表演的认识和价值取向有着不尽相同的欣赏角度与方式，加上剑术表演形式和内容的丰富多彩，客观上又为剑术表演的欣赏提供了较广的遐想空间。总体来看，对于剑术表演的欣赏主要有以下 3 个方面：

欣赏表演动作的“节奏”

“节奏”是指剑术表演的韵律变化。具体而言，所谓的十二型，

即快如风、缓如鹰、起如猿、落如鹊、重如铁、轻如叶、立如鸡、站如松、转如轮、折如弓、动如涛、静如岳。节奏的变化，要根据具体动作而定，不是教条式的，也就是说，“快”，之后不一定是“缓”；“重”，之后也不一定是“轻”，它可有一组相同类的动作跟着，再现几个其他类型的动作，如抡臂砸拳（重）斗正踢腿（快）叉步翻腰（转折）的变换、助跑（快）斗跳跃翻腾、腾空转体等（起）斗落地后几个变换方向的小组合（快）斗接定势（静）的变换。这样经过“韵律”的修饰，使各种动作“和谐”地衔接，有层次地、多方面地、出其不意地和清晰地表现出了节奏感，比如，走行步似苍鹰翱翔于天空，运动员的目光要随势而环顾，犹如鹰于高空向地面搜索猎物，这时是相对的缓势。走过数步后，突然一个变势为几个快速组合动作，如疾风暴雨，迅雷不及掩耳之势，似与猎物厮杀后，又一个力拔千钧的定势。再有“旋风脚接叉”动作，体现了高与低的空间变化。腾空纵起，犹如旋风直上九霄，在空中快速完成击响后，接落地摔叉，定势造型静如岳。这种瞬间的动静时空变化形成了有“节奏”的韵律。在整体的表演变换中，动似惊涛骇浪那样汹涌，后浪推前浪，滔滔不绝，使人为之振奋；缓时犹如和风细雨，春风拂柳；又似山涧潺潺小溪，把人引入无限的遐想之中。

“十二型”所对应的“动静、起落、立站、转折、轻重与缓快”是六对矛盾的对立统一。这些矛盾在剑术表演中体现得越是充分，动态的美也就越诱人。剑术套路表演在运动中，将“十二型”有机地“和谐”起来，互为补充与衬托，其结果就形成了优美的“节奏”。“凡事竭尽其美，要有韵。”有节奏变换的“韵”之和谐，是剑术套路演练体现的传统美学规律之一。

欣赏表演的“写意”美

中国古代的审美情趣重在写意，也就是通过形象的创造表现出主观意识的主旨。在古典美学中，常有“意在笔先，画尽意在”“写一时之意，意尽则止”“意授于思，言授于意”之类评论，通常称为写意。写意的重要点是不必实写，反而寓神情意念于物象之中，不求形似，但求神似。剑术表演的美感欣赏和传统审美观念是一致的。唐朝诗人杜甫在《观公孙大娘弟子舞剑器行》序中说：“往者，吴人张旭善草书帖，数常于邺县见公孙大娘舞‘西河剑器’，自此草书长进，豪荡感激。”由此可知，唐代的剑器舞所展示的豪荡情趣，曾影响了书法艺术的发展，而剑术表演早就体现了传统的“写意”美。

欣赏剑术表演，主要注重意境。剑术表演不仅在对打表演中能传神地表现击刺的勇猛惊险，在单练套路中也能反映不同的意境。剑术表演都是通过动作、节奏和表演者的神态给观众一种会意的欣赏。特别是象形拳的仿生活动，更是象形取意，以模仿的姿态表达各种动物的基本特征。如虎拳的刚劲勇猛，有“猛虎出洞”“虎啸山林”之威风。鹰拳的矫捷快速，似“雄鹰捕食”“鹰击长空”的姿态。醉拳的滚翻颠扑，给人以“似醉非醉”“醉打山门”的气概。特别是猴拳，整套动作完全是模仿猴子的日常行为，以出洞、窥望、攀登、摘桃、蹬枝、拼抢、藏桃、蹲坐、吃桃、喜乐、惊窜、入洞等构成整个套路，以刚、柔、轻、灵、巧、躲、闪、神、束来表现猴的神态，以抓、甩、采、切、刁、拿、扣、顶的手法和缠、蹬、踹、弹的腿法来表现猴的动作。在外形上既似猴的动作，在神情上又似猴的精神，令人看后便能会意这是猴的形象。剑术表演是由动作组成的套路，表演者的神态便可以给人不同的情趣感受，表现出剑术表演“写意”美的特色。

剑术表演在表现“写意”的美以求“神似”之外，还须追求外形的造型美，以奇巧的形态满足观众欣赏的眼目。

欣赏表演“形”与“神”的和谐美

剑术套路运动的本质属性是传统的技击术，它的“形”“神”表现,与攻防搏斗含义紧密关联。因此,剑术套路演练客体要将自己“置于一个战斗的场合”,并通过“形”与“神”的和谐,达到“形神兼备”,体现剑术表演美的艺术。内心所涵的搏斗之“神”，则将赋予了形体具象化的技术之“形”而表现出来。所谓“形如搏兔之鹘，神如捕鼠之猫”，要求演练者身形像鹘之矫健和猫一样随时出击之神态。剑术表现得“心动形随”“意发神传”，才使剑术演练富有神采。

第八章

我国传统剑理剑论

剑术是在众多传统剑术和剑理的基础上创编而成的，学习传统剑理对提高剑术的技术水平和理论认识都将具有深远意义。这里我们摘录部分剑理供大家参研。

越女剑论

《吴越春秋》记载《越女论剑》，有如下描述：

其道甚微而易，其意甚幽而深；
道有门户，亦有阴阳；
开门闭户，阴衰阳兴。
凡手战之道：
内实精神，外示安仪。
见之似好妇，夺之似惧虎。
布形候气，与神俱往。
杳之若日，偏如腾兔。
追形逐影，光若佛彷。
呼吸往来，不及法禁。
纵横逆顺，直复不闻。

解读：这段文字的开头是对剑理的概括，道有门户，亦有阴阳。“道”示道理，此处指剑理；“门户”是开门入户，指剑术入门的关键；“阴阳”之说来自“易学”。《易·系辞上》记载：“一阴一阳之谓道。”阴阳之理普遍存在，剑术也同样，中国传统剑术的理论源于传统阴阳学说。

越女将阴阳之理应用在剑术中，讲“阴阳”“开闭”“内外”“形神”“呼吸”“往来”“纵横”“逆顺”，均合易理。把剑术中动与静、快与慢、攻与守、虚与实、内与外、逆与顺、呼与吸的辩证法，把

机动灵活、变化莫测、出奇制胜等要素，讲解得精辟深透，足见当时剑术水平之高。

俞公剑论

明·戚继光《纪效新书》卷十二，《俞公剑总歌诀》记载：

刚在他力前，柔在他力后；

彼忙我静待，知拍任君斗。

解释：这 20 个字，把技击格斗道理讲述得非常透彻。当然，同样对太极拳甚至所有拳种都适用，也有人认为《剑经》所讲并不是剑，但是，这并不影响对剑术训练的指导作用。“刚柔”在太极拳中占有重要地位，正确处理刚柔关系是练好剑术的关键。明朝著名的抗倭将领俞大猷（1503－1580）在《剑经》中对太极拳这一重要原理论述得非常精辟，他提出“柔”的实际用法。“柔在他力后”，即“顺人之势，借人之力”。当对手“旧力略过，新力未发”之时，此乃用刚之机。“彼忙我静待”是从临阵的战斗中用血总结出的经验教训，也正是剑术对敌的重要要求。

武当剑论

原文：（1）剑法述要：剑术之道，全凭乎神，神足而道成，练精化气，练气化神，练神成道，剑神合一，是近道矣。武当剑法，外兼各家拳术之长，内练阴阳中和之气，习此道者，当以无漏为先，保精养气，宁神抱一。同时学习内家拳术为之基础，基础既立，然后练习剑法，方得事半功倍，盖使剑亦如使拳，不外意气为君，而眼法手法身法腰法为臣，是故令其闪展腾拿之轻灵便捷，则如八卦拳，

其虚领顶劲，含胸拔背，松腰活腕，气沉丹田，力由脊发，则如太极拳，而其出剑之精神，勇往直前，如矢赴的，敌剑未动，我剑已到，则有如形意拳也。（2）对剑三角法：敌来之剑为截，我应以提，成上三角也；敌来之剑为刺，我应以崩，成下三角也；敌来之剑为搅，我应以带，成左三角也；敌来之剑为劈，我应以下斜格，成右三角也。三角习熟，而后进以阴阳圈，两法习熟，始可习散矣。（3）阴阳剑圈法：手背向上为之阴剑，阴剑圈，先带后刺，手心向上，为之阳剑，阳剑圈先刺后带，阴手为抽，阳手为带。（4）心空歌：手心空，使剑活；足心空，行步捷；顶心空，身眼一。（5）练剑歌：头脑心眼如司令，手足腰胯如部曲，内劲仓库丹田是，精气神胆须充足，内外功夫勤修炼，身剑合一方成道。练剑基本：一眼神、二手法、三身法、四步法。练剑之精神：一胆力、二内劲、三迅速、四沉着。（6）四法歌：手到脚不到自去寻烦恼，低头与弯腰传授定不高，腹内深流沉遇敌如火烧，眼到脚手到方算得玄妙。

解释：武当剑是剑术中极其重要的一种，其理论和技术非常独特，特别是武当剑与太极剑有着千丝万缕的联系。《青萍剑》中谈到太极剑时说：“此剑有二，一为陈微明所著，一为李芳辰所传。”李芳辰即李景林（1884－1931）字芳辰，所传就是武当剑。目前，我们还不能断定，武当剑是不是太极剑，仅从理论和技术上看，有着许多相同之处。近代武术理论家徐哲东在《国术论略》中称武当剑为：“太极腰、八卦步，实为别开生面之剑法。”这些剑论突出的特点是描述剑术格斗的技术要求，如对敌三角法等，但是，对个人的演练同样具有指导作用，如做搅剑时，手心空是技术的要点。这些需要细心体会。

庄子剑论

《庄子·论剑》记载：

> 夫为剑者，示之以虚，开之以利，后之以发，先之以至。

解释：这句话虽然简短，但是深刻揭示了剑术的虚实相兼、后发先至、因敌变化的技法特点。

渔阳剑诀

《手臂录》中渔阳老人弟子谈渔阳老人之剑诀原文：

> 渔阳老人教余剑术，且曰：此技世已久绝，君得之慎勿轻传于人，余恐此技终致不传，又顾念老人之语，故不著说而作诀焉。
>
> 长兵柄以木，短兵柄以臂，长兵进退手已神，短兵进退须足利，足如脱兔身如风，三尺坐使丈八废，余擅梨花三十年，五十衰迟遇剑仙，剑术三门左右中，右虎中蛇左曰龙，手前身后现刀势，侧身左进龙门函，身前手后隐刀势，侧身右进虎门

易，二势用手身诱之，彼取我身手出奇，黠者奇正亦能识，舍身取手主击客，我退我手进我身，左翻右跃如狮掷，虎跃不如龙，龙翻不如虎，龙翻虎跃皆蛇行，直进当胸不可阻，左右进退有虚实，六法相生百奇出，彼退我乃进，彼退有奇伏，彼进我亦进，彼进乃穷蹙，扑身枪尖迫使发，死里得生巫铁屋，尝以我矛陷我剑，矛多虚奇剑实战，当其决命争首时，剑短矛长皆不见，自笑学兵已白头，初识囊中三尺练。

后剑诀：

剑器轻清其用大与刀异，剑诀实有所隐，恐古人之心终致淹没，故又作《后剑诀》一绝微露之，剑术真传不易传。

解释：这是一段较具价值的剑论，道出了剑术技击的真谛，通过长兵与短兵的技术特点对比，揭示了剑术技击中步法的重要，若不锻炼精纯敏捷，对敌时很难取胜。所谓“学剑学到已白头，不知低头足下求”“剑如闪电身似龙，声东击西飘无踪；忽前忽后须足利，左右辗转快如风”。这是剑器的形制特点决定的。

昆吾剑谱摘录

❖ 活步说

练剑首重臂、足各部关节之锻炼。臂是指肩、肘、腕三节。肩节沉，沉则能使身腰之力易贯至手；肘节要坠，坠则出剑快速；腕节要活，活则用剑变化较大。足是以胯、膝、踝三节为主。胯节要松，松则力贯于脚趾；膝节要柔，柔则腿部弹性大；踝节要活，活则脚掌灵。

剑术手法非常重要，而步法更是出神入化，没有几十年苦功，很难达到一步三剑之妙用。

❖ 圆化说

用剑之手臂要沉稳，并且凭借腕节来指引，而剑尖之运用有如缠绳一般，才能收发自如，出神入化。又两剑交锋最忌硬砍猛碰，必得出剑能圆，轻灵转折，所以取胜之道。收而能圆，不露败象而为敌所制，反能以熟制胜，悉听其劲来劲往，终亦能败中取胜。

❖ 阴柔说

阴柔之说有两层含义：

一为闪。诗曰：彼用猛力进我身，侧进柔化将它引，待彼力尽机已过，出手再击势必稳。

一为赚。诗曰：彼用柔诱无从出，我先点力来引势，骗彼急意出其剑，阴走漏剑再取之。

因此，与敌交锋出剑时，宜先用轻灵之法，探寻其劲力动向。在未发动攻击前，千万不可犯上僵硬的弊病，一僵硬则不灵活，反为敌所制而漏洞百出，想回手挽救已是丧尽先机。阴柔之论，不可不细察。

❖ 阳刚说

兵器是拳术的延伸，拳法之要领亦是兵器之要领。诸如柔过气，刚落点、三尖到论在器械使用上也是这般要求。

剑在运使时，走的是阴柔圆化，用剑落点则要坚猛阳刚。阳刚之法包括“三尖到”和“三催”。

所谓三尖到，乃是动静一齐俱到，是为整劲。剑与身体各部不分彼此先后迟速，一到皆到，否则互相牵扯，劲力抵消，何能摧枯拉朽？所谓三催，是指气无三催不至。因为落点刚猛，竭赖全身之气汇聚。若气散而不凝，落点必不勇猛。

落点用剑，若能手、身、步动作完整，点气纯刚，则如炮之燃火，箭之离弦，其伸缩往来如电火石，倏忽而至，剑已神奇，幻化莫测。赞曰：

用剑落点宜纯刚，煞时转换阴变阳；若能三尖一齐到，无坚不摧势刚强。

解释：昆吾剑属于中国剑术之精品。虽说讲的是昆吾剑要求，但同样适用于太极剑，如“剑尖之运用有如缠绳一般”“柔过气，刚落点”“三尖到论”等要求，如果有条件能够习练一套昆吾剑，对太极剑的真正掌握不无帮助。

余思，综观诸多剑理剑论，没有一个不讲剑术的技击性，太极剑同样如此。可见，强调技击性是各种剑术的共性之一，构成了其本质特点。换句话说，技击性是中国武术剑术的本质特征。可是，现如今许多人强调太极剑的健身性，认为技击性可以丢弃。其实，这是一个错误，错在把太极剑的技术本质与功能混淆。太极剑的健

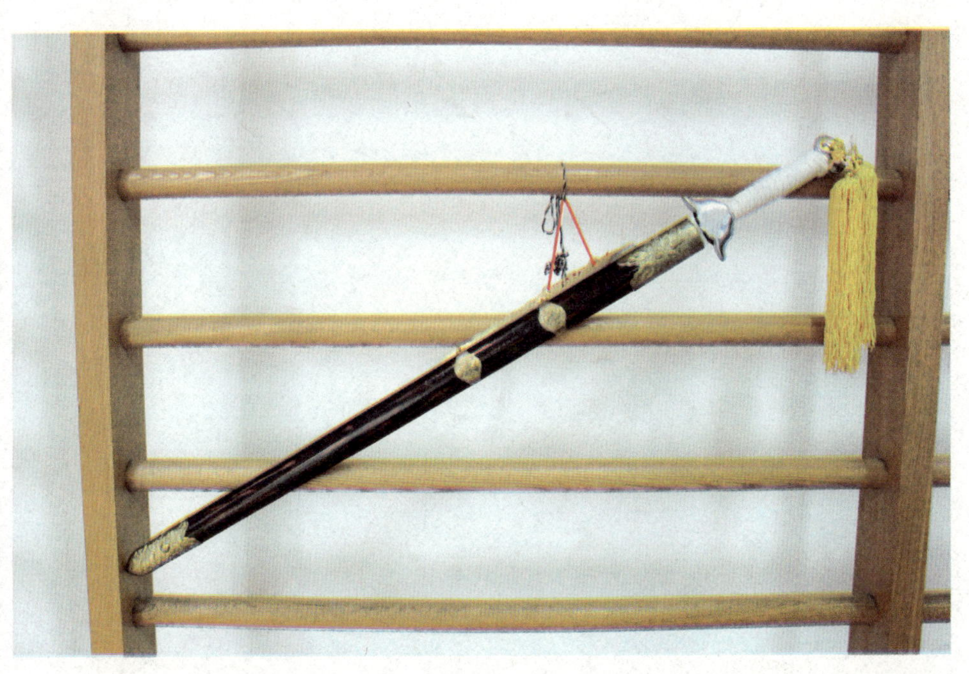

身性恰恰是通过练习其内在技击性而真正获得的，寓健身性于技击性之中。健身只是太极剑的功能之一。功能的实现，不能也不应该脱离本质属性，当然，我们强调技击性不是要突出它的使用性，特别对于希望获得健身功效的人们，更是如此。但是，脱离了太极剑诸多由技击性所规定的技术要求，试问太极剑还是太极剑吗？拳与操的区别又是什么呢？

所以，我们在学习和练习太极剑时，应该牢牢把握住其本质特点，以期更好地实现其健身、娱身等多重功能！

第九章

剑术的艺术升华

春秋战国时期，剑作为一种饰物，人们则习惯常佩于身。不同阶层的人佩不同的剑。剑器的品质不同，剑器上的饰物也不同，有的嵌以玉器、琉璃、珠宝；有的仅饰铜件；有的雕有花纹；有的则朴实无华，以示佩者的身份、地位。剑器的用途也起了变化，普通人仍用作自卫防身的利器，贵族则用为高贵的饰品。贵族养剑士，为其保镖，而自己并不用剑与人格斗厮杀。汉墓常出土春秋、战国时期青铜剑，显然不是用青铜剑去对抗先进的钢剑，乃是已经认识到青铜剑的收藏价值，故称“宝剑”。剑，被人们赋予更多的文化内涵，从“杀人利器”成为“艺术藏品”，即从“丑恶”的角度转为“美”的角度的欣赏，进行“艺术升华”。与此同时，人们发现，剑术也有同样的价值，成了艺术升华的欣赏。于是，剑就不再孤立于自身领域，而向艺术领域渗透，如向诗、书、画、乐、舞中。到了唐代，已达到历史高峰。

剑中有诗

剑的艺术升华表现之一是“诗”。诗极盛于唐代。唐代诗人中不少是会剑术的，最著名的如李白。李白在《与韩荆州书》中说：“十五好剑术。”其诗不少咏及剑器或侠客。许多唐诗都见咏剑。

剑中有“诗”，诗中亦有“剑”。到底是“剑中有诗”，还是“诗中有剑”？作者认为，“剑中有诗”是因，“诗中有剑”是果。这样，诗才能写出剑来。诗中许多所喻之剑，未必都是侠士之剑，但与侠士确有相关的一面，否则谈不上比喻。一为实，一为虚，谁实谁虚？各取所需吧。

诗中之剑，大体有 4 种情况：一是描写剑器，如郭震《古剑篇》；二是描写游侠，如贾岛《剑客》；三是舞剑者，如杜甫《观公孙大娘

弟子舞剑器行》；四是即兴提到剑。诗人出行多佩剑，与剑相伴，所以诗中提到剑是很自然的。可见不论哪一种情况，都离不开剑是利器的本质。然而，诗中寓意，又都超越了剑是利器这个本质。这就赋予了剑的文化内涵，而不是剑或剑技的记录。

下面，我们选出几篇典型诗篇，进行剖析。

1. 古剑篇（唐·郭震）

君不见：

昆吾铁冶飞炎烟，红光紫气俱赫然；

良工锻炼凡几年，铸得宝剑名龙泉。

龙泉颜色如霜雪，良工咨嗟叹奇绝；

琉璃玉匣吐莲花，错镂金环映明月。

正逢天下无风尘，幸得周防君子身；

精光黯黯青蛇色，文章片片绿龟鳞。
非直结交游侠子，亦曾亲近英雄人；
何言中路遭弃捐，零落飘沦古狱边？
虽复尘埋无所用，犹能夜夜气冲天。

诗篇题名《古剑》，显然是诗人自喻。

诗的前四句，言炼成宝剑之不易，需要昆吾山之铁冶炼，用龙泉之水淬剑，锻炼数年，始成。第二个四句，言剑器之精良和高贵。

接下两句，言当武则天理国，天下太平，剑无用武之地，转为民间防身。这里的确说明剑器从战场上转入民间已有历史见证。

“非直结交游侠子”，说明唐代游侠之风很盛。

“零落飘沦古狱边”，《晋书·张华传》记载：晋张华见天上有紫气，叫雷焕观察解释。雷焕说是“宝剑之精上彻于天”。张华让雷焕寻剑，雷在县狱屋基下掘出一个石函，内藏双剑，其一名称“龙泉”。

最后两句，实喻诗人自己，虽被埋没，然而才华仍在。武后见此诗篇，非常赏识，于是郭被重用。郭震在朝遇事敢争，身具剑骨。杜甫有诗赞他“直气森喷薄”“磊落见异人”。今天，我们可说“剑气犹冲天，剑技随人去！”唯有“咨嗟叹奇绝”了。

2. 走马引（唐·李贺）

我有辞乡剑，玉锋堪截云；
襄阳走马客，意气自生春。
朝嫌剑光净，暮嫌剑光冷；
能持剑向人，不解持照身。

唐代游侠之风很盛，侠客均持剑。谁都知道，剑是杀人利器，然而诗人却能透过剑看到剑所涵盖的人生哲理。这不是游侠所能明白的。李贺本诗，句之美，韵之妙，词之佳，寓之深，堪称上品。

诗人以剑寓意，为什么不用其他？我们不是从文学艺术的角度欣赏这首诗，而要透过诗，从剑术史的角度了解唐代剑术的地位。唐代剑器是人们非常喜爱的，剑术的地位是极高的。这与今天完全不同。

3. 剑客 （唐·贾岛）

十年磨一剑，霜刃未曾试；

今日把示君，谁为不平事？

“十年磨一剑”，是诗人自喻，并非习剑。然而，诗句却成为后人鞭策自己追求上进的座右铭。古代侠剑客学练剑术，常用“十年磨一剑”来鞭策自己，刻苦习练。今天，时代进步了，社会变迁了，历史上的“剑客”没有了，剑术也早就退出技击场。然而，剑术仍以传统文化的形式流传着。“十年磨一剑”诗句仍激励许多剑术爱好者，日复一日，年复一年地研习着。今日，“霜刃”不再试，也不必用剑术解决“不平事”。然而，人们习剑仍是精益求精。

剑中有书（书法）

《新唐书·李白传附张旭》记：“旭，苏州吴人。嗜酒，每大醉，呼叫狂走，乃下笔，或以头濡墨而书。既醒自视，以为神，不可复得也，世呼‘张颠’。初，仕为常熟尉，有老人陈牒求判，宿昔又来，旭怒其烦，责之。老人曰：观公笔奇妙，欲以藏家尔！旭因问所藏，尽出其父书。旭视之，天下奇笔也！自是尽其法。旭自言：始见公主担夫争道，又闻鼓吹，而得笔法意，观倡公孙舞剑器，得其神。”

“诗圣”杜甫在《观公孙大娘弟子舞剑器行并序》中也记载唐代书法家张旭相似的故事：“往者，吴人张旭善草书帖，数尝于邺县见公孙大娘舞西河剑器，自此草书长进，豪荡感激，即公孙可知矣。”

这个故事述说一个事实：书剑传神。大书法家张旭见公孙氏舞

剑器而草书长进。反过来，见到张旭的狂草，也可以看到公孙氏的舞剑风韵。用今天的话说，即张旭的草书中有公孙大娘舞剑器的信息。这给我们研究公孙氏之舞剑器，提供了难得的资料。

剑中有画

宋郭若虚《图画见闻录》载："唐开元中，将军裴旻居丧，诣吴道子，请于东都天宫寺画神鬼数壁，以资冥助。道子答曰：'吾画笔久废，若将军有意，为吾缠结，舞剑一曲，庶因猛励，以通幽冥。'旻于是脱去衰服，若常时装束，走马如飞，左旋右转，掷剑入云，高数'十丈，若电光下射。旻引手执鞘承之，剑透室而入。观者数千人，无不惊栗。道子于是援毫图壁，飒然风起，为天下壮观！"

《新唐书·李白传》："文宗时，诏以白歌诗、裴旻剑舞、张旭草书为'三绝'。"

裴旻是唐朝将领，"尝与幽州都督孙全北伐，为奚所围。旻舞刀于马上，矢四集，皆迎刀而断。奚大惊而去"。唐代大画家吴道子在寺墙上画鬼神，请裴旻舞剑以增灵感，于是裴旻骑马如飞，把宝剑掷向天空，高数十丈。

此言当然是夸张，总之掷得很高，用剑鞘来接，剑进入剑鞘，可见功夫高超，围观者皆惊怵咋舌。于是，吴道子挥笔作画，顷刻间，绘出"天下壮观"，可见剑画也传神。

剑中舞

何谓剑中舞？就是舞在剑中，舞由剑领导，没有剑就没有舞。今天的"剑舞"，成功的很少，往往因把武术套路配以音乐就合成了

"剑舞"，或者舞者拿着一柄剑，结果是"非剑非舞"。

艺术是文化的高级表现形式。剑术向更高级发展，增加文化含量，结果必然显示艺术升华。从历史上看，剑的艺术形式表现在诗、书、画、乐、舞中，很难分割。这时一个重大的问题是，剑能否脱离它的本质特征，即技击之术，或成一种图腾、一种道具、一个符号！总之，剑成了艺术的附庸。对此，艺术界是有不同看法的。不同观点的艺术家就同一题材，会设计出完全相反的艺术形象来。一些艺术家认为，技一旦上升为艺，它就脱离了原来的属性，赋予新的属性。例如，一件古瓷器碗，它有造型、质地、釉、彩绘、出处、年代、存世数量等，其价值已远不止于一只供使用的碗，而是文物，人们再也不用它来吃饭，会成为艺术欣赏的收藏品。

剑艺的问题更复杂。一位舞蹈家持剑起舞，剑就成了跳舞的道具而不是杀人利器。不过人们会问，剑仅为舞者的道具，那么舞者何必拿着剑？手持什么都无所谓。这也确实如此。一些舞者放下剑，换为扇子，舞姿还是那一套，就如武术家放下剑，也还是那一套。这叫没有灵魂，什么都无所谓了。

关于杜诗《观公孙大娘弟子舞剑器行》里的剑器到底是什么？一直有争论。下面，我们就以杜诗来剖析剑的艺术升华问题。

杜甫诗描写公孙氏舞剑器：

昔有佳人公孙氏，一舞剑器动四方；
观者如山色沮丧，天地为之久低昂。
耀如羿射九日落，矫如群帝骖龙翔；
来如雷霆收震怒，罢如江海凝清光。
绛唇珠袖两寂寞，晚有弟子传芬芳；
临颍美人在白帝，妙舞此曲神扬扬。

对诗中公孙氏舞剑器，今人有争论。有人认为“剑器”是舞名，不是宝剑。又说“绛唇珠袖”是唐代的一种长袖舞服，有出土的唐代舞俑为证。

我们说，公孙大娘舞剑器，手中拿的是什么？不必费大力气去找旁证，而诗中描写得很清楚。公孙氏跳的是什么舞？从她表演的地点是室外空旷的场地，“一舞剑器动四方”“天地为之久低昂”，说明是一种武艺和杂技的高超表演，而非一般舞蹈。“动四方”和“观者如山”都应说明围观者是普通百姓。此时，舞者不会是一位娇弱女子，而应是一位强悍的江湖女子。公孙氏只有手握青锋，演出惊人绝技，才会使如山的观者，表现出沮丧的惊恐，相对显示其天地低昂的惊人效果。

公孙大娘不但手中持剑，而且舞中掷剑入云，顺手承之，令观者变色。

“耀如羿射九日落”是把剑掷向高空。“耀”是光线强照之意；古代神话，天有十日，羿射落其九。这都是比喻剑在空中的效果。“龙翔”，是说剑在空中如龙飞在天上。“来如雷霆”，是说剑向下坠落之势；“收震怒”，是说公孙大娘把剑接在手中，剑犹震动像龙发怒一样。“罢如江海凝清光”，公孙氏舞罢，示剑像一道清光凝固下来，言四方之静，凸显剑之动，表演结束。公孙氏之剑，在“诗圣”笔下得以传神。

今天，有艺术家、舞蹈家、武术家，多以公孙大娘舞剑器为题材，编舞，配乐，舞剑。有的偏娇弱，纯属舞蹈，剑成了舞台道具；有的用武术套路代之，与诗的描写脱节。归结之，缺少一个剑的灵魂，俨如空壳。杜诗的“舞剑器”，一谓绝技，二谓活脱脱的，三谓完美的艺术。

公孙大娘之剑的风格是狂风骤雨、雷电交加式的，一剑刺穿苍穹！如此，才有“来如雷霆”之势。所以，重现公孙大娘舞剑器，非掷剑刺破青天不可！

舞中歌

剑术升华，把我们带入一种高超、高雅、高尚之地，此世外之境也！

然而此境，在碌碌生活中是找不到的，唯有在艺术的升华之境才能感觉得到。此时，自我已不存在，完全超脱了，即谓“超以象外，得其环中”。

中国古代剑术，其辉煌的历史，大体走过3个高峰：第一个高峰是春秋战国剑术走向成熟时期；第二个高峰是汉代剑术的追求实用时期；第三个高峰是潇洒飘逸的唐代剑术。到了明代，武术步入

江湖下层，形成流派；中国剑术沦成流派，沉于江湖。剑术地位，从高尊落入低俗。到了清代，剑术套路化，沦为花法。剑器改缰为“袍”，即剑穗，以助花势，彻底脱离了技击。

从春秋战国直到唐宋，剑术唯我独尊，具有国人上下皆尊重的高贵地位，人人以有剑术而自豪自贵自重。

至明清时期，民间武术流派兴起，拳术地位上升，剑术地位随即而降，从属于拳术流派。出于各种原因，武术流派沦入江湖，浮于社会下层，武术（包含剑术）的社会地位一落千丈。

今天，作者从研究传统武术历史的角度，深感中国剑术的魅力犹存，它的出路，应脱离武术而自立，重新恢复唐、宋以前的高贵尊雅地位，淡出江湖，步入社会。可为高谈阔论之话题，可为收藏之文物，可为室居之装饰，可为表演之艺术，可为锻炼身体之方法，可为自娱之乐趣，可为情操之陶冶，可为自卫之术，可为养生之道。总之，中国传统剑术的前途是无限的！

第十章

日本剑道

剑道作为一种实用武术，在日本有着古老的历史，并且像其他社会文化现象一样，最初也是中日文化交流的产物。中国的《汉书》中曾专门载有《剑道》篇章，可见日本剑道是在中国剑道基础上发展起来的。

早在公元前473年，中国的吴被越所灭，吴的难民由山东半岛及东夷诸岛渡海，逃往日本，同时携去青铜制的“戈”与“剑”等。200多年后，中国进入生产铁器的秦汉时代。这些铁器也随同中国大陆与朝鲜渡海过来的移民们一块抵达日本。到了隋唐时期，中国的剑术传入日本，经日本人的研习修改，形成独特的刀法技术，即日本剑道。

据传，公元2世纪初，日本景行天皇的儿子最初创定剑法3个段位，即“天地人”，也就是“上中下”段。到了公元4世纪中叶，在常陆国鹿岛的国摩真人创出“出神妙剑”剑法，即为有名的“鹿岛之太刀”。后世流派多源自它。公元8世纪末，桓武天皇的皇宫大夫和气清磨建立武德殿。武人在此练武。每年的五月五日还在这里举行剑术比赛。

古代的日本人，大多使用中国式的刀剑，但并不是我们现在所见的日本刀。公元11世纪初，武士们总结战场上的实战经验，发现在马上作战时使用砍斩的机会比刺击多，而且利于拔刀，于是便将原来单手使用、以刺击为主的双刃三尺直剑改变形体为双手使用、以砍斩为主的单刃弯刀，即成今日日本刀的雏形。

刀剑是武器中的灵，也是武士的灵，具有祈祷、祭祀、神佑和权力等象征意义，是日本帝位承传的三件神器之一。所以也是皇帝权力的象征。刀剑在武士心目中不只是他们战斗时的用具，同时也是他们的生命。在祈愿或还愿时，他们可能会把刀剑奉献于神前。

镰仓时代形成了武士阶级支配的新社会，武士一跃而成为社会和政治的主角。因此，刀法越来越盛行，教授方法也逐渐统一。江户时代的剑道深深受到儒家和禅宗的影响，注入武士所需的精神和生活态度等元素。这样一来，“道”就真正注入“剑”之中了，成为对精神人格加以磨炼的法门。

江户末期，国家政治和阶级制度发生激变，日本剑道从竞技练习再次回到实战之中，商人和农人也竞相习剑。德川幕府为了维持治安更设立讲武所，把习剑风气推至最高。进入明治时代，随着欧美文化的冲击、武士阶级制度的废除及其实施，剑道全面衰颓。直到明治十二年，警视局又才正式采用剑道训练。其后，很多学校也开设剑道训练，促进了剑道普及，也出现不同的剑术交流比赛。

到了近代，日本剑道又有了新的发展，尤其是在第二次世界大

战中，业已成为日军侵略的重要工具而被充分利用。1945 年日本投降，联军司令部以武道被军国主义鼓舞利用为理由，命令剑道、柔道、弓道等武道全部在学校教育中删除，同时也禁止一般人的武道活动。1950 年，日本竹剑比赛联盟成立，剑道以竹剑比赛的体育活动名义而复活。此后，日本剑道联盟使剑道重又起飞，再次成为学校的体育教材，在日本流传得十分广泛。

剑道的哲学内涵十分深远，蕴藏了大量东方哲学的智慧。它讲究气、剑、体一致，以静制动、不变应万变。剑道还很强调精神力量，通过它可以训练出一种处变不惊、心静如水、沉着应对危机的能力。

剑道训练教人掌握使用刀、剑、棍的方法，在训练中可以提高眼力、步法及应变能力。虽然在训练中把日本刀换成了竹剑，但攻守道理完全相同，甚至竹剑制作时在重量和握持手感上也尽量参照日本刀。日本剑道的对抗性很强。由于护具完备，所以与其他技击性运动相比，它还是一项安全的运动。因此，在激烈的正式比赛中也极少出现受伤。剑道比赛通常在室内进行，因选手赤足，所以对场地木地板的质量要求较高。选手一对一进行比赛，双方都要穿剑道服、戴护具、持竹剑，按规则相互击打有效部位，由裁判计点数，判胜负。日本剑道，也可以举行团体比赛，由选手数相等的团体双方分别一对一决出胜负后，计算总分。

如今的日本，剑道流派主要有二天一流、新阴流、北辰一刀流等。

二天一流

“二天一流”是由“剑圣”宫本武藏开创的。29 岁时，他就用自制的木刀将当时名满天下的剑客小次郎斩于刀下，并凭借此战一举成名，但对自己的剑术一直不满。此后，他花了几十年时间专心研究，直到50岁时，才创出二刀流剑术，也就是著名的“二天一流”。

“二天一流”里的“二天”指太阳和月亮，也就是阳和阴，象征着对立。二刀的技法概括起来，便是协调左右两手大小两刀的动作，以此来击败对手。作为剑道名宗，宫本武藏还写过很多有关剑道方面的著作，提出“剑心”乃武士之魂的说法。武藏空剑，也就是最后一剑，才是剑道之本，即在遇敌之际，要有清澈明澄的心境，不为环境所惑，不为敌人行动所骗，更不为自己感情所蔽，这样才能取得胜利。

新阴流

很多人对“新阴流”并不熟悉，但一提到日本动画片、游戏里常常见到的剑豪柳生十兵卫，很多人都会有所耳闻。柳生十兵卫的剑术流派就属于新阴流的一个重要分支——柳生新阴流。“新阴流”并不是柳生所创，而是由上泉信纲开创并由他的弟子柳生石舟斋宗严（柳生十兵卫的爷爷）继承并发扬光大的，最终形成一股最有名的分支——柳生新阴流。

“柳生新阴流”的精髓在于“无刀取”，也就是我们常说的空手夺白刃。另外与其他流派相比较，柳生派的特点还在于不以杀人作为修炼剑术的手段。他们所崇尚的是“不杀人，但以不被杀为胜”。

除柳生新阴流外，还存在很多“新阴流”分支，如神影流、狭川新阴流、松田派新阴流、新神阴一门流，等等。

北辰一刀流

“北辰一刀流”是江户时期非常流行的剑术流派，它的创始人是千叶周作成政（1794－1855）。它是典型的艺术类剑派，又名北辰梦

想流，因源出一刀流，故名“北辰一刀流”。所谓一刀流，表示手里只持一把刀剑。

千叶周作成政年幼时跟随父亲练习剑术，后来将自身所学技法加以糅合创新，创立了“北辰一刀流”，并在江户日本桥设立了武术道场玄武馆，与“静心明智流”的士学馆、“神道无念流”的练兵馆并称为当时的“江户三大道场”。由于“北辰一刀流”对剑道里的护具和竹剑进行了改良，还制定了比较规范系统的对战法则，因此该流派对现代日本剑道的贡献非常大。

“北辰一刀流”也是个人才辈出的流派。千叶周作的弟弟及儿子都为该流派做出过重大贡献。除此以外，尤为著名的坂本龙马也属于“北辰一刀流”。另外，幕府时期众多有名剑客，如伊东甲子太郎、山南敬助、清河八郎等也是“北辰一刀流”的名家。

第十一章

击 剑

提起击剑，人们马上会想到阿兰·德龙扮演的大侠佐罗。佐罗那精湛的剑术、敏捷矫健的身躯和为民除暴的侠义行为使人难以忘怀。欧美各国也有很多小说、戏剧、电影描述过击剑情景，如电影《王子复仇记》、芭蕾舞剧《罗密欧与朱丽叶》、小说《基督山恩仇记》等，可见，欧美人民很是推崇和喜爱击剑。

西方最早关于击剑的记载，可以追溯到公元前1190年的古埃及。在一些历史悠久的文明古国，如中国、伊朗、巴比伦、希腊、罗马等都有专门人员从事剑术竞技，但使击剑发展成为一项体育运动，却是在中世纪的欧洲。

14世纪，在西班牙、法国和意大利出现了一个令人眩目的骑士阶层，他们以精湛的剑术纵横天下，博得广泛的美誉。剑在中世纪的欧洲是被视为神圣的，击剑也被认为是骑士的七种高尚情操之一。西班牙被认为是现代击剑运动的摇篮。此后，各国贵族纷纷效仿，一时间击剑成为上流社会趋之若鹜的时尚，以至于发展到贵族之间解决纠纷动辄拔剑相向、一剑定生死。

中世纪的击剑决斗，也有一定的礼仪规则：决斗前双方要选定助手、证人，组成仲裁，并由他们商定决斗的时间、地点、武器，及处理善后事宜。交锋前，双方要举剑于眉间向对方敬礼致意，生死之争也都不失骑士风度，这些礼仪一直沿用下来。1570年，法国的亨利正式为击剑运动制定了相关的规则。击剑以规范的形式得到了迅速发展。

1588年到1601年，法国决斗成灾。十余年里，巴黎就有8000名贵族、绅士在决斗中毙命。一言不合，便以决斗定胜负。“我们去郊外吧”成为人们最熟悉不过的挑战语言。为了制止上流社会巨大的人员伤亡，法国国王路易十三的宰相黎塞留曾发出禁令不许击剑

决斗；1627 年还曾因此将一位公爵处决，但也仍未平息决斗热。为了满足人们的决斗热而又不至于伤人，人们于是设计出一种轻巧、剑身呈四棱状的剑。

随着科学技术的发展、现代武器的使用，击剑逐渐失去了军事价值，越来越向强身健体、表演比赛的方向发展，变成了一种体育运动项目。1643 年前后，法国国王路易十四对当时法国的击剑服装和器具做了统一的规定，并将巴黎资格最老的 6 名剑术师封为“世袭贵族”。由此，击剑作为一种体育竞技项目初具雏形。

在 1896 年第一届奥运会中，击剑就被列为正式的比赛项目，到如今共有花剑、重剑、佩剑三个剑种的男女个人和男女团体项目的比赛，都是世界锦标赛的正式比赛项目。其中，女子佩剑项目是 1999 年首次设立的。

现代击剑所用的剑与中国古代的剑大同小异，但不开刃，剑身用特别的弹簧钢材料制成，剑条可以连续弯曲 1 万次以上，剑尖为直径 5 ～ 8.8 毫米的圆，刺劈到身上不会发生伤害事故。运动员身穿内有护具的白色击剑服，头戴护面，手戴皮手套，再加上严格的规则限制和处罚条例，使得击剑变成了一项精彩激烈而又安全的运动。

击剑一般是双人对抗比赛。比赛时，双方运动员比赛服内有手线并与拖线盘内的电线和裁判器相连，形成一个环形电路。当一方击中有效部位，使剑尖达到有效压力时，裁判器的灯就会显示击中信号。按规则，循环赛有效刺击次数为 4 分钟内 5 次击中，淘汰赛为 9 分钟内 15 次击中，以最先击中对方达有效次数，或以时间到后击中对方次数多者为胜；团体赛，最先击中对方达 45 次的团队为胜。

击剑的技术性强，手上动作变化复杂，步伐移动快而频繁，攻防转换快，击剑运动员要在快速、复杂、多变、激烈的对抗格斗中

完成一系列攻防动作。而这些动作均是以力量、速度、柔韧、协调和耐力等各种运动素质为基础的。

击剑运动有 3 种武器，即重剑、花剑、佩剑。这 3 种武器的有效击中点及比赛规则各有不同，每种武器都有其竞技特点。花剑最初用于战斗训练，更具运动性；佩剑则源于骑兵使用的弯刀，速度最快；重剑是由决斗剑演化而来，更需要技巧和准确性。

花剑长 110 厘米，其剑身部分长 90 厘米，重量不超过 500 克，护手盘小。花剑的末端装有电钮，运动员在比赛中只能刺，不能劈打。当运动员刺出的力量大于 500 克时，剑头的开关就接通。击中对方金属背心时，裁判器会显示红或绿色灯，击中无效部位则显示白灯。其每刺中一剑有效部位可得一分。

重剑长度与花剑相同，重量 770 克，护手盘大。比赛采用电动裁判器。运动员在比赛中只能刺，不能劈打。当运动员击中力量超过 750 克时，裁判器才会显示彩色灯的信号。其得分与花剑相同。

佩剑总长 105 厘米，剑身长 88 厘米，重量 500 克，护手盘为月牙盘。佩剑的剑尖为圆形，既可刺又可劈。在佩剑比赛中，腰部以上部分（除后脑）均为有效部位。每刺中或劈中对方有效部位时裁判器显示彩色灯，得分与花剑相同。

由于击剑源远流长，既神秘典雅，又惊险刺激，且健身价值很大，因而受到各国人民喜爱。我国一直是亚洲击剑强国，在近年的国际大赛上有多项剑种进入前三名，甚至夺得金牌，已对欧洲传统击剑强国构成了较大挑战。中国击剑已向世界一流强队开始迈进。

第十二章

国际武术（剑术）竞赛规程

竞赛组织机构

❖ 第一条　竞赛委员会

世界锦标赛、世界杯赛的竞赛委员会由国际武术联合会和比赛组委会选派若干名竞赛业务人员组成，负责此项竞赛工作。各洲、各地区和各国根据不同的比赛规模，可设立竞赛委员会、竞赛部或竞赛处，由负责竞赛业务的技术官员若干人组成，在比赛组委会统一领导下，负责整个比赛的竞赛组织工作。

❖ 第二条　仲裁委员会

一、由主任、副主任、委员 3 人、5 人或 7 人组成。

二、职责：

（一）接受运动队的申诉，并及时做出裁决，但不改变裁判评判结果。

（二）仲裁委员会表决票数超过半数以上的决定方为有效。表决投票相等时，仲裁委员会主任有决定权。仲裁委员会成员不参加与本人所在会员协会有牵连问题的讨论与表决。

（三）仲裁委员会的裁决为最终裁决。

❖ 第三条　裁判人员的组成

一、执行裁判人员的组成

（一）总裁判长 1 人、副总裁判长 1 ～ 2 人。

（二）裁判组设裁判长 1 人；A 组评分裁判员 3 人；B 组评分裁判员 3 人；C 组评分裁判员 3 人；共 10 人组成。

（三）编排记录长 1 人。

（四）检录长 1 人。

二、辅助工作人员的组成

（一）编排记录员 3 ～ 5 人。

（二）检录员 3 ～ 6 人。

（三）宣告员 1 ～ 2 人。

（四）放音员 1 ～ 2 人。

（五）仲裁摄像人员 2 ～ 4 人。

❖ 第四条　执行裁判人员的职责

裁判人员在比赛竞赛委员会领导下进行工作，其职责如下：

一、总裁判长

（一）组织、领导各裁判组的工作，保证竞赛规则的执行，检查落实赛前各项准备工作。

（二）解释规则与规程，但无权修改规则与规程。

（三）在比赛过程中，根据比赛需要可调动裁判人员工作。裁判人员发生严重错误时，有权处理。

（四）对运动员或教练员在赛场上无理纠缠，有权给予警告；对不听劝告者，有权建议技术委员会严肃处理，直到取消成绩。

（五）审核并宣布成绩，做好裁判工作总结。

二、副总裁判长

（一）协助总裁判长工作。

（二）在总裁判长缺席时，由一名副总裁判长代行其职责。

三、裁判长

（一）组织本裁判组的业务学习和实施裁判工作。

（二）执行比赛中运动员完成创新难度的加分。

（三）执行比赛中对重做、套路时间不足或超出规定的扣分。

（四）裁判员发生严重的评判错误时，可向总裁判长建议给予相应的处理。

（五）参与B组演练水平的评分。

四、裁判员

（一）服从裁判长的领导，做好本组的裁判工作。

（二）依据规则，独立进行评分，并做详细记录。

（三）A组裁判员负责运动员整套动作质量的评分。

（四）B组裁判员负责运动员整套演练水平的评分。

（五）C组裁判员负责运动员整套难度的评分。

五、编排记录长

（一）负责编排记录组的全部工作，审查报名表、自选套路难度登记及评分表，并根据比赛要求编排秩序册。

（二）准备比赛所需表格，审查核实比赛成绩及排列名次。

（三）编排成绩册。

六、检录长

负责检录组的全部工作，如有变化，及时报告总裁判长并通知宣告员。

❖ 第五条　辅助工作人员职责

一、编排记录员

根据编排记录长分配的任务进行工作。

二、检录员

按照比赛顺序及时进行检录，并检查运动员器械、服装，将比赛运动员带入场后，向裁判长递交检录表。

三、宣告员

向观众介绍上场运动员，报告比赛成绩，介绍有关竞赛规程、规则和比赛项目的特点及武术套路运动的知识。

四、放音员

（一）配乐项目比赛第一次检录时，负责收取音乐录音带或光碟，根据比赛出场顺序进行编号。

（二）运动员站在比赛场地 3 秒钟后，开始放音。

（三）比赛结束后及时将音乐录音带或光碟归还运动队，不得丢失，不得转借他人或复制。

五、仲裁摄像人员

（一）对全部竞赛项目进行现场摄像。

（二）遵照仲裁委员会的要求，负责播放相关项目录像。

（三）全部录像均应按竞赛委员会的规定予以保留。

竞赛通则

❖ 第六条　竞赛性质

一、竞赛类型：

（一）个人赛。

（二）团体赛。

（三）个人及团体赛。

二、按年龄分：

（一）成年赛。

（二）青少年赛。

（三）儿童赛。

❖ 第七条　竞赛项目

一、剑术

二、太极剑

三、集体剑术

❖ 第八条　竞赛年龄分组

一、成年组：18 周岁（含 18 周岁）以上。

二、青少年组：12 周岁至 18 周岁以下。

三、儿童组：不满 12 周岁。

❖ 第九条　申诉

一、申诉内容与范围

仲裁委员会受理运动队对本队运动员在比赛过程中，对裁判长的扣分和 C 组评判有异议的申诉。

二、申诉程序及要求

参赛运动队如果对裁判评判本队结果有异议，必须在该场该项比赛结束后 15 分钟内，由该队领队或教练向仲裁委员会以书面的形式提出申诉，同时交付 100 美元申诉费。一次申诉仅限一个内容。

仲裁委员会对申诉要进行审议，查看录像，如裁判组评判正确，提出申诉的运动队必须坚决服从。如果因不服而无理纠缠，根据情节轻重，可由仲裁委员会建议国际武联技术委员会给予严肃处理，直至取消比赛成绩。如判定属于裁判组的错误，仲裁委员会提请国际武联技术委员会对错判的裁判人员按有关规定进行处理，并退回申诉费；但不改变裁判评判结果。

❖ 第十条　比赛顺序的确定

在竞赛委员会和总裁判长的监督下，由编排记录组抽签决定出场顺序。如有预赛、决赛的比赛，其决赛的出场顺序，则按预赛成绩的高低，由低到高确定。如预赛排名相同，则抽签决定出场顺序。

❖ 第十一条　检录

运动员须在赛前 40 分钟到达指定地点报到，参加第一次检录，并接受检查服装和器械。赛前 20 分钟进行第二次检录，赛前 10 分钟进行第三次检录。

❖ 第十二条　礼仪

运动员听到上场点名时和宣布最后得分时，应向裁判长行抱拳礼。

❖ 第十三条　计时

运动员由静止姿势开始动作，计时开始；运动员结束全套动作后并步站立，计时结束。

❖ 第十四条　示分

运动员的比赛结果，公开示分。

❖ 第十五条　弃权

运动员不能按时参加检录与比赛，则按弃权论处。

❖ 第十六条　兴奋剂检测

根据国际奥林匹克委员会的规定和国际武术联合会的具体要求，进行兴奋剂检测。

❖ 第十七条　名次评定

一、个人单项（含对练）名次

按比赛的成绩高低排列名次。得分最高者为该单项的第一名，

次高者为第二名，依此类推。

二、个人全能名次

按各单项得分总和的高低（或根据规程确定办法）进行评定，得分最高者为全能第一名，次多者为第二名，依此类推。

三、集体项目名次

得分最高者为该项目第一名，次高者为第二名，依此类推。

四、团体名次

根据竞赛规程关于团体名次的确定办法进行评定。

五、得分相等的处理

（一）个人项目得分相等的处理：

1. 以完成动作难度等级高者列前。

2. 以完成高等级动作难度数量多者列前。

3. 以难度得分高者列前。

4. 如仍相等，以演练水平应得分高者列前。

5. 如仍相等，以演练水平扣分少者列前。

6. 如仍相等，名次并列。

7. 如有预、决赛，成绩相等时，以预赛成绩高者列前。若再相等，则以决赛成绩按上述几条评定名次。

（二）个人全能得分相等时，以比赛中获单项第一名多者列前；如仍相等，则以获得第二名多者列前，依此类推；如获得所有名次均相等，则并列。

（三）无难度要求项目成绩相等时，则以个人项目得分相等的处理办法第 4、5、6 条评定名次。

（四）团体总分相等时，以全队获得单项第一名多者列前；如仍相等，则以获得第二名多者列前，依此类推；如获得单项名次均相等，

则并列。

❖ 第十八条　创新难度的申报

一、创新原则

必须符合武术运动的本质属性和运动规律；必须具备较高的专项素质与专项技能才能完成的；必须是规则在“自选项目动作难度内容及等级与分值确定表”中未出现的 B 级（含 B 级）以上的动作难度。如申报跳跃、跌扑类的翻转性创新动作难度必须含连接难度。

二、申报程序

（一）每个创新难度只允许申报一次。

（二）申报运动队必须填报“自选套路创新难度申报审批表”，并配以技术图解和运动员本人演练的影像资料在赛前 60 天（以到达邮戳为准）上报到国际武联技术委员会。

三、鉴定机构

由国际武联技术委员会聘请有关专家 5 或 7 人组成自选套路创新技术鉴定委员会，负责此项工作。

四、鉴定程序

自选套路创新技术鉴定委员会依据创新原则讨论（须三分之二以上的委员投票通过）后，确认创新难度的动作名称、等级、分值、

编码和不符合规定的确认标准，并及时通知申报的运动队。赛前应以书面形式通知仲裁委员会和裁判组。

❖ 第十九条　竞赛有关规定

一、难度填报

参赛运动员必须根据竞赛规则和规程要求选择难度，在规定的网站上填报“自选套路难度登记及评分表”（创新难度的分值应计算在难度分值以内），确定该运动员比赛套路的起评分，并将确认的表格经教练员签字后于赛前 30 天（以到达邮戳为准）寄到主办方。

二、套路完成时间

（一）剑术成年组不得少于 1 分 20 秒；青少年（含儿童）不得少于 1 分 10 秒。

（二）太极剑自选套路、集体项目为 3 ～ 4 分钟。

三、比赛音乐

规程规定配乐的项目必须在音乐（不带歌词）伴奏下进行，音乐可以根据套路的编排自行选择。

四、比赛服装

裁判员应穿统一的服装，佩戴裁判等级标志；运动员应穿武术比赛服。

五、比赛场地

（一）使用国际武术联合会指定的比赛场地。

个人项目的场地为长 14 米，宽 8 米，场地周围至少有 2 米宽的安全区。集体项目的场地为长 16 米、宽 14 米，场地周围至少有 1 米宽的安全区。场地四周内沿，应标明 5 厘米宽的白色边线。

（二）场地的地面空间高度不少于 8 米。

（三）两个比赛场地之间的距离 6 米以上。

（四）场地灯光的垂直照度应达到 1500 勒克斯以上；水平照度应达到 800 勒克斯以上。

六、比赛器械

（一）使用国际武术联合会指定的器械。

（二）左手持剑剑尖不低于耳上端。

七、比赛设备

大型比赛必须配备摄像机 4 台，放像设备 3 台，电视机 3 台，以及全套电脑计分系统和音响系统。

八、本规则适用于任何级别的武术套路比赛。

评分方法与标准

❖ 第二十条　自选项目的评分方法与标准

一、评分方法

（一）裁判组由评判动作质量的裁判员 3 名（A 组）、评判演练水平的裁判员 3 名（B 组）及裁判长、评判难度的裁判员 3 名（C 组）组成。

（二）各项目比赛的起评分满分为 10 分（不含创新难度加分在内）。其中动作质量的分值为 5 分；演练水平的分值为 3 分；难度的分值为 2 分。

运动员申报的难度分值与演练水平分值和动作质量分值之和，即为该运动员的起评分。

（三）A 组裁判员根据运动员现场完成动作时出现的各种错误进行扣分。

（四）B组裁判员和裁判长根据运动员整套的现场演练评定等级分数，并对套路中的编排错误进行扣分。

B组4人评出的等级分数，去掉最高分和最低分，取中间两个分数的平均值为演练水平的等级分。

B组4人中，至少2人对运动员演练套路时的编排错误（每个错误的扣分均须同时确认）确认一致即为有效，经确认的编排错误扣分分数之和为编排错误的扣分。

（五）C组裁判员根据运动员现场难度的完成情况进行确认。

二、评分标准

（一）动作质量的评分标准

运动员现场完成套路时，动作规格与要求不符，每出现一次扣0.1分；其他错误每出现一次扣0.1～0.3分。

（二）演练水平的评分标准

演练水平的评分包括演练水平等级的评分和套路编排的评分。

1．演练水平等级的评分标准

演练水平等级的评分标准：按劲力、协调、节奏、风格、配乐的评分标准分为3档9级，其中:3.00分～2.51分为好;2.50分～1.91分为一般；1.90分～1.01分为不好。

演练水平的总体要求是：动作规范、方法正确、劲力充足，用力顺达，力点准确，手眼身法步配合协调（器械项目需身械协调），节奏分明，风格突出，动作与音乐和谐一致。

在运动员的整体演练中，根据与“演练水平的总体要求”相符程度，确定运动员的演练水平等级分。

2．套路编排的评分标准

（1）运动员完成套路时，根据“自选套路内容的有关规定”，每缺少一个规定的动作内容扣0.2分；

（2）结构、布局、音乐与要求不符者，每种错误扣 0.1 ～ 0.5 分。

（三）难度的评分标准

1．动作难度（1.4 分）

根据副则中“自选项目难度内容及等级与分值确定表”内动作难度的规定，完成一个 A 级动作计 0.2 分，完成一个 B 级动作计 0.3 分，完成一个 C 级动作计 0.4 分。动作难度分按其等级分值标准依次累计，如超过了 1.4 分，则按 1.4 分计算。

运动员现场完成的动作难度不符合规定要求，则不计算动作难度加分。

2．连接难度（0.6 分）

根据副则中“自选项目难度内容及等级与分值确定表”内连接难度的规定，完成一个 A 级连接计 0.1 分，完成一个 B 级连接计 0.15 分，完成一个 C 级连接计 0.2 分，完成一个 D 级连接计 0.25 分。连接难度分按其等级分值标准依次累计，如超出了 0.6 分，则按 0.6 分计算。

运动员现场完成的连接难度不符合规定要求，则不计算连接难度加分。

凡只需动作难度分或只需连接难度分的，均只能在动作难度 1.4 分或连接难度 0.6 分之后选择。

3．创新难度加分

完成申报的创新难度，则由裁判长在 10 分以外按鉴定的加分标准给予加分。

其标准为：完成一个创新的 B 级动作难度（含连接难度）加 0.1 分；完成一个创新的 C 级动作难度（含连接难度）加 0.15 分；完成一个创新的超 C 级动作难度加 0.2 分。

由于失败或与鉴定的创新难度不符，不予加分。

❖ 第二十一条　无难度要求项目的评分方法与标准

一、无难度要求项目包括：

（一）规定套路。

（二）对练项目。

（三）集体项目。

（四）规程中未要求使用难度的自选项目。

二、评分方法

（一）裁判组由评判动作质量的裁判员 3 名（A 组）和评判演练水平的裁判员 3 名（B 组）及裁判长组成。

（二）各项目比赛的满分为 10 分。其中动作质量的分值为 5 分；演练水平的分值为 5 分。

（三）A 组裁判员根据运动员现场完成动作时出现的各种错误进行扣分。

（四）B 组裁判员和裁判长根据运动员整套的现场演练评定等级分数，并对套路中的编排错误进行扣分。

B 组 4 人评出的等级分数，去掉最高分和最低分，取中间两个分数的平均值为演练水平的等级分。

B 组 4 人中，至少 2 人对运动员演练套路时的编排错误（每个错误的扣分均须同时确认）确认一致即为有效，经确认的编排错误扣分分数之和为编排错误的扣分。

三、评分标准

（一）动作质量的评分标准

运动员现场完成套路时，动作规格与要求不符，每出现一次扣 0.1 分；其他错误每出现一次扣 0.1 ～ 0.3 分。

（二）演练水平的评分标准

演练水平的评分包括演练水平等级的评分和套路编排的评分。

1．演练水平等级的评分标准

演练水平等级分的评分标准：按劲力、协调、节奏、风格、配乐的评分标准分为3档9级，其中：5.00分～4.21分为好；4.20分～3.01分为一般；3.00分～1.51分为不好。

演练水平的总体要求是：动作规范，方法正确，劲力充足，用力顺达，力点准确，手眼身法步配合协调（器械项目需身械协调），节奏分明，风格突出，内容充实，编排合理，动作与音乐和谐一致。

在运动员的整体演练中，根据与“演练水平的总体要求”相符程度，确定运动员的演练水平等级分。

2．套路编排的评分标准

（1）运动员完成套路时，根据“无难度要求项目演练水平编排错误内容及扣分标准的规定”，每增加或缺少一个规定的动作内容扣0.2分；

（2）结构、布局、音乐与要求不符者，每种错误扣0.1～0.5分。

❖ 第二十二条　裁判员的示分

一、A组裁判员所示分数可到小数点后一位数。

二、B组裁判员和C组裁判员所示分数可到小数点后两位数。

❖ 第二十三条　应得分数的确定

一、自选项目

动作质量应得分、演练水平应得分和难度应得分之和，即为运动员自选项目的应得分数。

（一）动作质量应得分的确定

A 组 3 名裁判员对运动员现场演练时出现的动作规格错误以及其他错误，按照自选项目动作规格和其他错误内容及扣分标准的要求进行扣分，2 名以上裁判员对运动员同一个动作错误和其他错误扣分的累计之和，即为运动员的应扣分；用动作质量的分值减去应扣分，即为运动员的动作质量应得分。

（二）演练水平应得分的确定

演练水平等级分减去编排错误的扣分，即为运动员的演练水平应得分。

（三）难度应得分的确定

C 组 3 名裁判员对运动员现场所做的动作难度和连接难度进行确认，按照自选项目动作难度和连接难度加分标准的要求，2 名以上裁判员确认加分的分数之和，即为运动员的难度应得分。

二、无难度要求项目

动作质量应得分和演练水平应得分之和，即为运动员的应得分数。

（一）动作质量应得分的确定

A 组 3 名裁判员对运动员现场演练时出现的动作规格错误以及其他错误，按照自选项目动作规格及其他错误内容扣分标准的要求进行扣分，2 名以上裁判员对运动员同一个动作错误和其他错误扣分的累计之和，即为运动员的应扣分；用动作质量的分值减去应扣分，即为运动员的动作质量应得分。

（二）演练水平应得分的确定

演练水平等级分减去编排错误的扣分，即为运动员的演练水平应得分。

❖ 第二十四条　最后得分的确定

一、自选项目

裁判长从运动员的应得分中减去“裁判长的扣分”，或加上“创新难度的加分”，即为运动员的最后得分。

二、无难度要求项目

裁判长从运动员的应得分中减去“裁判长的扣分”，即为运动员的最后得分。

❖ 第二十五条　无电脑计分系统的操作方法

根据比赛的具体情况，采用笔录方式进行。

一、增设记录员 1 ～ 2 人。

二、增设计时员 1 人。

三、增设成绩公布员 1 人。

四、具体办法见副则。

❖ 第二十六条　裁判长的加分与扣分

一、裁判长执行对完成的创新难度的加分。

二、裁判长执行对重做、套路时间不足或超出规定的扣分。

（一）重做：运动员由于客观原因造成比赛套路中断者，经裁判长允许，可重做一次，不予扣分；因遗忘、失误、器械损坏等原因造成比赛套路中断者，可重做一次，扣 1 分；运动员临场受伤不能继续比赛者，裁判长可令其中止，经过简单治疗即可继续比赛的，应安排在该组最后一名上场，按重做处理，扣 1 分。

（二）完成集体项目、太极剑套路不足或超出规定时间在 5 秒以内者（含 5 秒），扣 0.1 分；在 5 秒以上至 10 秒以内者（含 10 秒），

扣 0.2 分，依此类推。

（三）剑术对练套路不足规定时间在 2 秒以内者（含 2 秒），扣 0.1 分；在 2 秒以上至 4 秒以内者（含 4 秒），扣 0.2 分，依此类推。

三、如裁判员在评分中出现明显不合理的现象或明显错误时，在示出运动员的最后得分前，裁判长经总裁判组同意后，可做调整。

自选剑术套路内容的有关规定

❖ 第二十七条　自选剑术套路的内容规定

剑术至少包括弓步、仆步、虚步 3 种主要步型；一个持久性平衡；刺剑、挂剑、撩剑、点剑、劈剑、截剑、崩剑、剪腕花 8 种主要器械方法（其中必须有完整的左右挂剑接背后穿挂剑）。

❖ 第二十八条　自选太极剑套路的内容规定

太极剑至少包括弓步、仆步、虚步 3 种主要步型；刺剑、挂剑、撩剑、点剑、劈剑、截剑、抹剑、绞剑等 8 种主要器械。

自选剑术主要动作技术要求

❖ 剑术主要动作技术要求

刺剑：剑直向刺出，力达剑尖，臂与剑身成一直线。

挂剑：立剑由前向上、向后或向下、向后贴身立圆环绕，力达剑身前部。

撩剑：立剑由下向前上方弧形撩击，力达剑身前段。

点剑：立剑提腕，使剑尖猛然向前下点击，力达剑尖。

劈剑：立剑由上向下劈击，力达剑身。

截剑：剑身斜向上或下摆击，力达剑身前部。

崩剑：立剑坐腕，使剑尖猛然向前上方崩击，力达剑尖。

剪腕花：以腕为轴，立剑在臂两侧向前下贴身立圆环绕，力达剑尖。

步型：弓步、仆步、虚步。

❖ 太极剑主要动作技术要求

刺剑：剑直向刺出，力达剑尖，臂与剑身成一直线。

挂剑：立剑由前向上、向后或向下、向后贴身立圆环绕，力达剑身前部。

撩剑：立剑由下向前上方弧形撩击，力达剑身前段。

点剑：立剑提腕，使剑尖向前下点击，力达剑尖。

劈剑：立剑由上向下劈击，力达剑身。

截剑：剑身斜向上或下摆击，力达剑身前部。

抹剑：平剑由右（左）向前向左（右）弧形抽回，高度在胸腹之间，力达剑身。

绞剑：平剑，剑尖向左（右）小立圆绕环，力达剑身前部，肘部微屈。

步型：弓步、仆步、虚步。

武术套路竞赛礼仪

❖ 抱拳礼

并步站立，左掌右拳在胸前相抱（左指根线与右拳棱相齐），高与胸齐，拳、掌与胸间距离为 20 ～ 30 厘米。

❖ 持剑礼

并步站立，左手持剑，屈臂抬起，使剑身贴前臂外侧斜横于胸前；右手成掌，以掌外沿附于左手食指根节，高与胸齐，两手与胸间距离为 20 ～ 30 厘米。

注：运动员若持双器械，应将器械交一手执握，行持剑礼；若不适合行礼时，则应两手持械面向裁判长立正行注目礼。其他器械参照以上各种礼仪执行。

图书在版编目（CIP）数据

剑术 / 董有为编著. -- 长春 : 吉林文史出版社, 2014.7（2023.6重印）

ISBN 978-7-5472-2226-3

Ⅰ. ①剑… Ⅱ. ①董… Ⅲ. ①剑术（武术）– 基本知识 – 中国 Ⅳ. ①G852.24

中国版本图书馆CIP数据核字(2014)第133987号

剑术

JIANSHU

出 版 人　张　强

主　　编　周殿学　周洪生

编　　著　董有为

责任编辑　王　新

封面设计　袁　野

出版发行　吉林文史出版社

地　　址　长春市福祉大路5788号

网　　址　www.jlws.com.cn

开　　本　720mm × 1000mm　1/16

印　　张　12

字　　数　100千

印　　刷　天津市天玺印务有限公司

版　　次　2015年8月第1版　2023年6月第4次印刷

书　　号　ISBN 978-7-5472-2226-3

定　　价　59.80元